勇気がでる旅

元プロ野球選手と元検事、ふたりのユウキ「48の旅の足跡」

高森勇旗 YUKI TAKAMORI × 游木トオル TORU YUUKI

はじめに【連載のきっかけ】

スカイマークの機内誌にて「ユウキが行く。」の連載が始まったのは2022年4月号から。元プロ野球選手と元検事という、どう考えても出会うはずのなかった2人による旅の連載は、いかにして始まったのか？

高森　当時スカイマークの社外取締役をされていて、機内誌でも連載をしていた楠木建さんと僕の家が隣同士ということもあり、元々親交がありました。僕は旅が趣味で、野球を辞めた後に40カ国くらい旅をしていたのもあって、「建さん、いつか旅行記を書いてみたいんですよね」となんの気なしに話していたら、「スカイマークで連載できるか聞いてみましょうか？」という流れになったんです。その時は、機内誌の連載リニューアルの話はなく、「その時が来たら相談しましょう」くらいのノリだったんですが、そこへやってきたのが、新型コロナ。旅行業界、とりわけ航空業界は大打撃を受け、機内誌の制作を外部に委託していたスカイマークも、経費削減の波を受けて自社制作に切り替えました。そのタイミングで、連載も一新されたんです。そこで、旅行記の連載の話が

転がり込んできました。

游木　僕も同じタイミングで、機内誌で使用する写真の撮影で仕事の依頼があったんです。そこで、「游木さんの経歴が珍しいし、世界一周の旅をしているから、旅行記も書きませんか？」という話が同時にやってきました。旅に出てはならないというご時世に、旅の連載が始まるという、なんとも数奇な巡り合わせでしたね。

高森　旅に出られないからこそ、誌面の上だけでも旅に出ている気分になっていただきたいという、スカイマーク側の配慮もあったんでしょうね。それにしても、「もう1人、元検事で今は旅人をされている游木さんという方と共同連載になりました」と言われた時は、情報量が多すぎて「だ、誰ですかその人は？？」となりました（笑）。

游木　しかも、時はコロナ禍ですから、初回のミ

ーティングからすべてオンライン。お互い相手が何者かも分からず、オンライン上でしか見たことのない相手との連載ですからね。連載が2年を過ぎて、書籍化が決まってから初めてリアルでお会いしましたもんね（笑）。

高森　スカイマークの方々とは、いまだにお会いしてませんからね（笑）。でも、游木さんはオンラインで見る姿と実物にほとんどギャップはありませんでした。渋谷の人混みの中でも、「あ、あの人だ」というくらい隔世の感が出てましたからね（笑）。

游木　高森さんのように、東京で、ビジネスの世界のど真ん中にいらっしゃるような方にとっては、僕のような存在はかなり異質でしょうね（笑）。明らかに〝世捨て人〟に見えますからね。

高森　そんなこんなで連載がスタートしたんですが、当初提案された連載タイトルは違うものだったんですよね。そこで、「2人のユウキによる連載なので、『ユウキが行く。』でいいんじゃないですか？」と提案したら、「それでいきましょう！」という感じで決まった。

游木　自然な流れで決まりましたよね。ただ、この時はどんな連載になるのか、そもそも何を書けばいいのかまったく分かりませんでした。

高森　スカイマークの機内誌編集チームが我々にお題を出す、それに対して我々が原稿を書く、という流れで始まりましたが、お題が無茶振りみたいな時もありましたよね。

游木　このお題で何が書けるんだ、みたいな時もありましたが、ああやってむしろお題を振られるおかげでアイディアが湧いたり、過去の旅を思い出すきっかけにもなりましたよね。

高森　なんでも自由に書いてください、と言われたらおそらく書けないんですが、無茶振りでもなんでも、お題を出してもらえるおかげで書けるのはありますよね。

旅に出た理由

高森　そもそも、游木さんは元々検事をやられていて、なぜ急に〝世捨て人〟になったんですか？

游木　ひと言で言うと、今すぐ生き方を変えなければ、死ぬ時に後悔すると思ったんです。現場で検事をやっていた頃は、仕事にやりがいを感じて、楽しくやっていました。でも、歳を重ねて管理職になると、仕事が面白いと思えなくなりました。ちょうどそういうタイミングで自分と向き合わざるを得ないようないろんな出会いがあって、これからは、自分のやりたいことだけをして自由に生きていこうと決めたんです。でも、そもそも何をやりたいかもよくわからない状態で。とにかく、いったんそれまでの生き方を全部捨てることが、僕にとっては必要でした。だから、世捨て人というより〝自由人〟と言ったほうが正確かもしれません。

高森　えっ、じゃあ旅人になりたくて辞めたわけではなく、とりあえず何も考えずに辞めたんですか？

游木　はい、とにかく辞めることが先にあって、その先のことは後から考えようと。あまりに唐突だったので、職場の人間は驚いたと思います。

高森　それはそうですよね。そこからどのように旅人になっていくんですか？

游木　最初は国内を転々としていたんです。その時は、1、2年思いっきり自由に過ごして、気が済んだら、弁護士として仕事に復帰しようかな、という考えでいました。

高森　それじゃあ、まだ旅人になることを決めていたわけじゃないんですね。

游木　まずは何も考えず、直感で行ってみたい場所に出かけていって、旅先で出会った人とご縁のある場所に向かう、みたいなことをやっていました。時間にしばられず、その時の感覚で動きたい、というのが優先的にあったわけです。そんなこん

なで、自由に動き回っていました。

高森　この段階ではまだ、〝世捨て人感〟というのは程遠いですね。

游木　弁護士として仕事に復帰しよう、という考えもありましたしね。高森さんは、野球を辞められた後にどんな経緯で旅に出ることになったのですか？

高森　僕が旅に出たきっかけは、これは連載の時にも書いたんですが、ブラジルに行ったのがきっかけです。ひょんなことから、仕事仲間に「滝行でも行ってきたら？」と提案され、「どうせ滝行行くなら、イグアスの滝とかがいいんじゃない？」と言われたんです。イグアスってどこ？　そもそも滝行できるの？　というところからのスタート。

游木　滝行でイグアスを勧められるのが、そもそもおかしな話ですよね（笑）。

高森　調べてみると、ブラジル。まぁ、行ってみるかということで、せっかくブラジルに行くなら同じ南米のマチュピチュも行ってみたい、ということで組み合わせて行きました。ブラジルって、日本から一番遠いところじゃないですか。そこに、日程面、資金面、体力面でも、とにかく〝行ける〟感覚を掴めたことが大きかった。ここから、世界中どこでも行けるな、という自信がついたんです。すべてエコノミークラスの、６泊11日の強行スケジュールでしたが、若かったからこそこなせる旅程と言えます（笑）。

游木　そもそも、野球選手時代は旅に出ることはできなかったんですよね？

高森　シーズンオフの12月、1月に行けるんですが、トレーニングもしなければならないので、限定的になります。それでも、プロ4年目の12月に初めて海外旅行をしたんですが、それがイタリアでした。その時のこともよく覚えています。プロ野球選手だと、シーズン中は完全に野球に拘束されますから、例えば初夏のヨーロッパ旅行なんて絶対に行くことができない。そういう意味で言うと、今のほうが活動の自由度が非常に高いですよね。

50歳からのバックパッカー

高森　僕が旅をし始めたのは26歳頃ですが、今36歳となって、10年前にできたこと、許容できたことなどが、今すでに許容できなくなってきています。例えば、東南アジアやインドの喧騒やカオス、不衛生な状況など。游木さんはある程度年齢を重ねられてから、それもバックパッカー的な動きをされた。検事をされていたら、ある程度収入も地位もあり、生活レベルも高かったと勝手に想像していたんですが、そこからバックパッカーになれるものなんですか？

游木　僕は49歳で退職して、50歳からバックパッカーを始めました。仕事を辞めて、旅人になる過程において、過去のすべてを捨てることにしたんです。今までやってきたこと、築き上げてきたことの一切を捨て、ここからまたまったく新しい人生を生きると決意しました。退職してフェリーで任地の福岡を旅立った夜のことを今でも覚えています。これまでの一切を捨てることで、これから新しい本当の自分の人生が始まる。そういった清々しい気持ちに包まれていました。

高森　それは、すごい決断のように思えます。それも、その年齢になってからその決断をするのは、非常に勇気がいりそうです。

游木　実は、40代最後というタイミングがよかったと思っています。生き方を変えたり旅に出たりするタイミングは人それぞれで、何歳からでも変わることができると思いますが、僕の場合、職場での立場や気力・体力などを考えると、あそこがギリギリのタイミングだったなと、後から思いました。体力が落ちた後では、あんなふうにバックパッカーとして自由に動き回ることはできなかったでしょう。あそこで決断して本当によかったと今でも思っています。

高森　と言っても、風呂に入れない、洗濯機もない、見た目に清潔とは言えないベッドで寝るという旅に、精神的に耐えられるものですか？

游木　これが、僕にとってすべてが初めての経験じゃないですか。そうすると、なんでも新鮮な驚きの気持ちで受け入れられるんです。過去の自分を捨てているので、気持ちも若返っていました。あとは慣れですね。何カ月か旅を続けていると慣れます。風呂は水シャワーで足りるし、下着は手洗いすればいい。ベッドもたいていは言うほど不潔ではありません。そもそも、現地の人からしたらそれが当たり前。それでも、十分に幸せに生きていることを考えると、我々日本人から見たら不便で不衛生だと思うことも、一つの思い込みに過ぎないと気づきました。

高森　それは、すごい感覚ですね。僕は年齢とともにどんどんそういうのがダメになっていっているので、反省の念すら浮かんできます（笑）。ところで、旅人となり、どんどん〝世捨て人〟となっていくのはいいとして、そうは言っても日々の生活がありますよね。ある程度蓄えがあったとしても、お金が減っていくことや、お金を稼がなければ、という思いとはどのように向き合っていったんですか？

游木　旅のやり方にもよると思いますが、バックパッカーをしていて、生活コストがかなり低くなりました。もちろん持ち物も最小限で足りてしまいます。そしたら、「あれ、生きていくのって、実はこれくらいのコストでいいんじゃん」ということに気がついたんです。それと同時に、生きていること自体に幸せを感じられるようになりました。つまり、ミニマムに生きることで、生活に過剰なコストをかけなくとも、幸せに生きていけると気づいたのです。それもこれも、前職（検事）を辞める時に、「これまでのすべてを捨てる」と決意したおかげだと思っています。そして、その決意の前提には、それまで本当の自分を生きていなかったことへの気づきがあったわけですが、それに加えて、やれることはやり切ったという感覚があって、それが次へのステップを軽くしたのだと思います。

高森　そういう意味で言うと、僕もプロ野球でまったく結果は出せませんでしたが、やり切ったという感覚だけは誰よりもあるんじゃないかと思っています。あれだけやってダメだったので、もう清々しいくらいの降参でしたから。フットワークの軽さと、過去が精算できているかどうかは、関係があるかもしれませんね。

はじめに［連載のきっかけ］ …… 3

topic 1　価格交渉 …… 20

高森　旅の足跡 1　物売りと、物売られ …… 20

游木　旅の足跡 2　値切ったつもりが大失敗 …… 24

topic 2　旅の持ち物 …… 27

高森　旅の足跡 3　メイドインジャパン …… 27

游木　旅の足跡 4　旅に必要なモノ …… 31

topic 3　交通事情 …… 34

高森　旅の足跡 5　世界の交差点の渡り方 …… 34

游木　旅の足跡 6　アンデスの崩れた道 …… 38

topic 4　出会った優しい人 …… 42

高森　旅の足跡 7　バラナシのヒロヨさん …… 42

游木　旅の足跡 8　優しい妖精 …… 46

topic 5 **旅に出た理由** ········ 49

高森
旅の足跡 9
あなたは、ナニジン？ ········ 49

游木
旅の足跡 10
理由はあとから
ついてくる ········ 53

topic 6 **食べ物** ········ 57

高森
旅の足跡 11
ハワイの鮨屋 ········ 57

游木
旅の足跡 12
世界一周、食のリアル ········ 61

topic 7 **宿** ········ 65

高森
旅の足跡 13
ホテルの選び方 ········ 65

游木
旅の足跡 14
揺れるロッカー、
使っちゃダメ ········ 69

topic 8 **世界の空港** ········ 73

高森
旅の足跡 15
激走！マルペンサ空港 ········ 73

游木
旅の足跡 16
ターミナル間の移動 ········ 77

topic 9　世界最大の○○ ……81

高森　旅の足跡 17
世界三大滝を巡るには ……81

游木　旅の足跡 18
巨木の森 ……85

topic 10　正月 ……89

高森　旅の足跡 19
年越しの寝台列車 ……89

游木　旅の足跡 20
不思議な初夢 ……93

topic 11　芸術 ……96

高森　旅の足跡 21
街の中の森 ……96

游木　旅の足跡 22
美の手触り ……100

topic 12　水 ……103

高森　旅の足跡 23
水の洗礼 ……103

游木　旅の足跡 24
勇気の水 ……107

topic 13 この旅の初日 ………… 110

高森
旅の足跡 25
“目的地”は、いらない ………… 110

游木
旅の足跡 26
自由への一歩 ………… 114

topic 14 コミュニケーション ………… 117

高森
旅の足跡 27
私は you のことを“C”と呼ぶ ………… 117

游木
旅の足跡 28
幸せのチャンス ………… 121

topic 15 花 ………… 124

高森
旅の足跡 29
バラナシの花売り ………… 124

游木
旅の足跡 30
ラパ・ヌイ。楽園の花 ………… 128

topic 16 病気・ケガ ………… 131

高森
旅の足跡 31
熱中症 in 台湾 ………… 131

游木
旅の足跡 32
野良犬と杖 ………… 135

topic 17 **雨** …… 138

高森 旅の足跡 33
雨の野球教室 …… 138

游木 旅の足跡 34
天気は悪くない …… 142

topic 18 **祭り** …… 145

高森 旅の足跡 35
首都完全封鎖 …… 145

游木 旅の足跡 36
メコン川の灯籠 …… 149

topic 19 **秋の景色** …… 153

高森 旅の足跡 37
世界一紅葉が美しい国 …… 153

游木 旅の足跡 38
砂漠から森へ …… 157

topic 20 **あきらめ** …… 161

高森 旅の足跡 39
ニューヨークスタイル …… 161

游木 旅の足跡 40
旅讃歌 …… 165

topic 21 師走 …… 168

高森 旅の足跡 41
国宝のある街 …… 168

游木 旅の足跡 42
真空を生み出す旅 …… 172

topic 22 聖地巡礼 …… 175

高森 旅の足跡 43
ガウディも巡礼した聖地 …… 175

游木 旅の足跡 44
感覚をひらく …… 179

topic 23 トイレ事情 …… 183

高森 旅の足跡 45
中腰を制する者は
世界を制す …… 183

游木 旅の足跡 46
やりすぎ？ …… 187

topic 24 インドの不思議体験 …… 191

高森 旅の足跡 47
未来とは …… 191

游木 旅の足跡 48
トラウマ …… 195

おわりに【なぜ、旅に出るのか】 …… 198

topic 1

価格交渉

高森 勇旗

旅の足跡1

物売りと、物売られ

カンボジア［アンコールワット］

アンコールワットの日の出。その光景は、文字通り息をのむ美しさ。一瞬の静寂ののち、どこからともなく歓声が上がる。

朝5時。アンコールワットは、夜から朝になろうとしている。空は明るさを取り戻し、夜明け前からそこにあったはずの寺院は、今初めてそこに現れたかのようにくっきりと浮かび上がる。今か今かとカメラを構える観光客を焦らすように、ゆっくりと朝日が顔を出す。寺院全体が一瞬見えなくなるほどの強い太陽光線。世界中からこの時間を狙ってきた人たちは一様に歓声を上げ、しばらく時を忘れる。しかし、そんな夢のような時間も長くは続かない。威勢の良い物売りたちの声によって、一気に現実に引き戻されるからだ。人が集まるところに商機あり。彼らにとっても、日の出は特別な時間なのだ。

世界中の観光地には、かなりの確率で物売りがいる。男女問わず、年齢は子どもから老人までさまざま。まだ10歳にも満たないと思わしき子どもが、各国の言語を巧みに操って物を売ろうとしてくる姿には、もはや感動すら覚える。彼らは大概「你好《ニイハオ》！」と言った後、こちらの反応が悪いと見るや、「コンニチハ！」と言い換える。まさに生活を懸けて、全力でぶつかってくる人には全力で応えるのが礼儀。こちらも全力で値段交渉に挑む。しかし、売りつけられるもののほとんどは、まったく欲しくない。全力で値切っているうちにバカらしくなってくる。5ドルのものを3ドルに値切ったからといって、大して変わりない。しかし、相手にとっての3ドルと5ドルは大きいかもしれない。結局、値切りに値切った後、5ドルで買ってあげることにした。そもそも、私はこういう値段交渉が苦手なのだ。

粘りに粘られ、元値の10分の1になった太鼓。インドにはなんのゆかりもない。

インドに行った時のこと。ニューデリーの街中を練り歩いている時、急に物売りが声をかけてきた。観光地でもない、ただの道である。ここで物を売ってくる根性もすごいが、売り物もすごい。小さい太鼓である。ちょうど、能楽で使う小鼓のような打楽器だ。インドに関係もなければ、欲しくなるような動機は周囲に一切ない。ただただ、ニューデリーの街中で太鼓を売りつけられるのだ。当然、いらない。検討の余地もないくらい、いらない。一応値段を聞いてみると、８００ルピー（当時約１３００円）とのこと。高い！　高すぎる。いらないと言い続け、無視して街を練り歩く間も、どんどんと値段が下がっていく。諦める様子は一切ない。売り続けられること30分。４００ルピーまで下がったところで、「いくらなら買ってくれるんだ？」と聞かれたので、「80ルピー（約１３０円）なら買ってやる」と伝えた。元の値段の9割引である。さすがに諦めて帰ってくれるだろうと思ったが、相手は満面の笑みで「ＯＫ！」と言った。しかし、ここからが本領発揮である。「インド旅行はどう？　楽しい？　もしよかったら俺の友達の旅行会社を紹介しようか？」と畳み掛けてくる。ここまでくると、ちょっと楽しくなってくる。しばらく会話を楽しんで、お別れした。買った太鼓はリュックに入れるには場所を取りすぎる。紐をリュックにくくりつけて歩くと、ブラブラと揺れる太鼓がたまに体に当たり、ポンッと軽快な音を鳴らした。

日本にいて、急に物を売られることはごく稀《まれ》な上に、値段交渉をすることもあまりない。だからこそ、値引きを要求することはどこか後ろめたさを感じる。しかし、それを海外旅行のアクティビティの一つと捉えると、急に見方は変わってくる。物を売られる過程に、各国のコミュニケーションを垣間見ることができるのだから、言い値で買ってしまってはせっかくの機会を逃してしまう。押し売りされることも、海外旅行における貴重な体験の一つなのだから。

游木トオル 

旅の足跡2

値切ったつもりが大失敗

スリランカ［タンガッラ］

スリランカ南部の街タンガッラのバスターミナル前。客待ちのオートリクシャーが並んでいた。

最初の旅先であるスリランカでは、バックパッカー初心者によくある洗礼をいくつも受けた。その一つがオートリクシャー（リクシャー、トゥクトゥクとも呼ばれる三輪タクシー）の値段交渉だった。僕は、タンガッラという海岸沿いの街にバスで到着した後、予約した安宿へ行くため、初めてリクシャーに乗ることにした。料金の相場すら把握していなかったが、とにかく旅行客には吹っかけてくると聞いていたので、「ぼったくられてたまるか」という決意で、その辺にいたリクシャーの若い運転手に声をかけ、提示された金額から半値くらいまで値引きさせて３５０スリランカルピー（当時約２５０円）で合意。考えてみれば、値引きと言ってもわずか数百円なのだが、「不当に高い料金を払わせるなんて許せない。日本人はチョロいと思われたら、後に続く日本人旅行者に申し訳ない」などと考えて肩に力が入っていた。

しばらく走った後、その運転手くんは、リクシャーを停めて「ここが目的地だ」と言うので、支払おうとすると、いきなり「料金は８００だ」と言い出した。「話が違う」と訴えると、「思ったより遠かった」などと言って強硬だ。僕と運転手くんは、片言の英語でしばらく言い合いを続け、最後は４００で合意成立。３５０きっかり払うには小銭が足りず、４００渡して50のお釣りをもらうのは難しそうだと思ったので妥協した。

僕は、半分悔しく半分達成感を感じながら、目の前の小さな建物に入ろうとした。が、しかし、そこには予約した宿の名前がない。もしや、と思い、ここで初めてスマートフォンの地図アプリを開いてみると、なんと目的地までまだ半分ほどしか来ていないではないか。歩いていくには遠すぎるし、雨も降り出してきた。僕は意気消沈して、とりあえずそこにあった小さなカフェに入り、呆然としたまま席についた。

カフェの客は僕1人で、店内では関係者らしき若い男2人が雑談していた。ガックリしている様子が伝わったのか、こちらへ心配げな視線を向けている。僕はそれを感じて、彼らに話しかけ、流れで事情を話した。すると、1人が、「じゃあ、俺が宿までバイクで送ってやるよ」と言い出し、もう1人も「そうしろよ」と言ってくれた。捨てる神あれば拾う神ありだ。僕は、ウルウルしながら「ありがとう」を繰り返し、バイクの後ろにまたがって、目的の宿まで送ってもらった。もちろん彼からはお駄賃を要求されなかった。

言ってしまえばささいな出来事だが、こんな無力で愚かな旅人としての経験一つひとつが、小さな子どもにとっての初めてのお使いのごとく心を揺さぶり、〝なんとかなる〟という運命への信頼、旅する勇気を与えてくれたのだ。

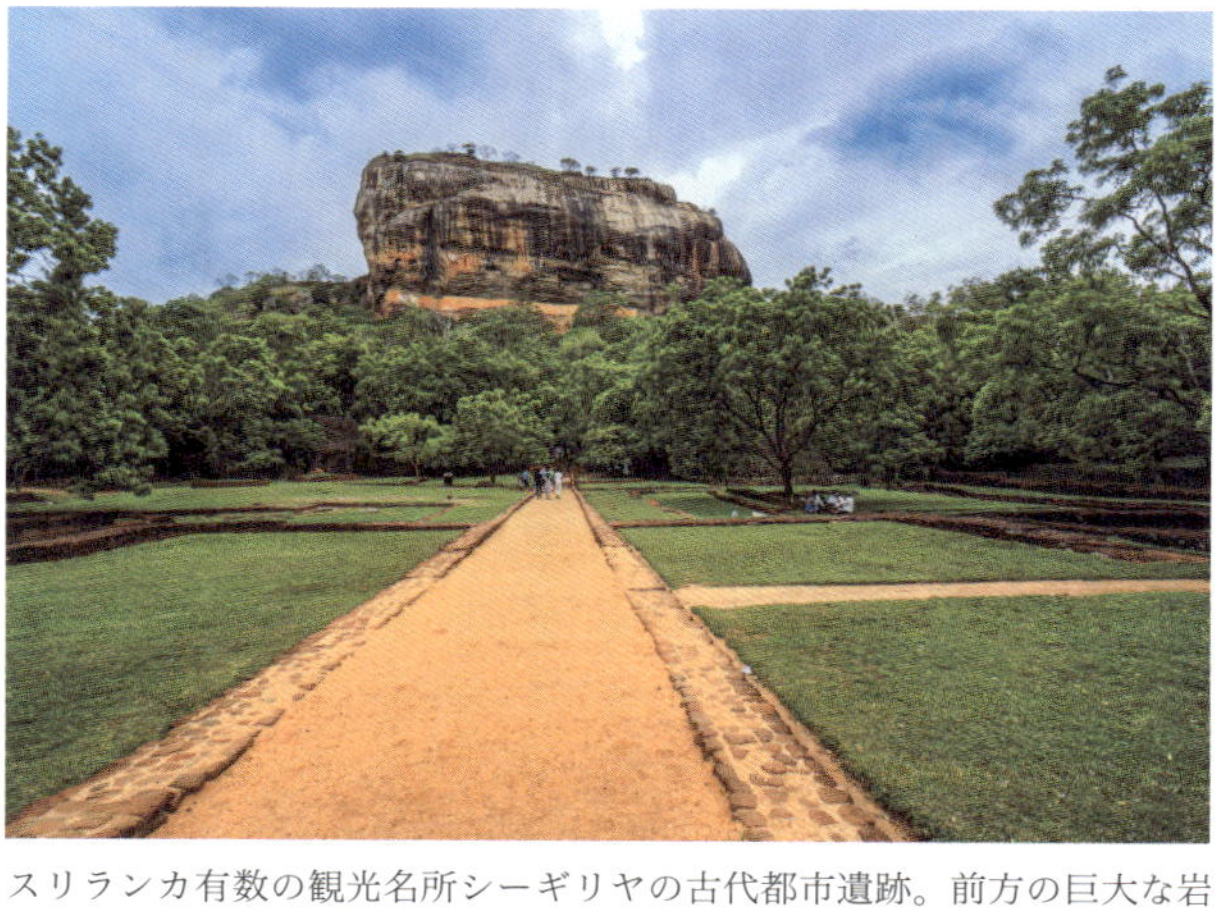

スリランカ有数の観光名所シーギリヤの古代都市遺跡。前方の巨大な岩山の上に王宮が築かれていた。

topic 2

旅の持ち物

高森 勇旗

旅の足跡3

メイドインジャパン

ペルー［マチュピチュ］

標高2,300mのマチュピチュ遺跡。ガイドブックには、「高山病になる可能性があるため、はしゃがない」と書いてある。はしゃぐに決まっている。

「優れたプレゼンはいらない。キットカットの抹茶味があればいい」

世界中に飲食の店舗を展開する企業の社長が、しみじみ語っていた。聞けば、パリに出店する際、ビルの上に住む住民が頑なに出店を認めなかったそう。延期に次ぐ延期で、ついには社長が一軒一軒を訪問して説明することになった。その際、キットカットの抹茶味をプレゼントしたところ、あっさり許可が出たそうだ。パリでは、ユーロよりもキットカットのほうが力を持っている可能性がある。

世界中を旅して思うこと。それは、日本の製品、とりわけお菓子は喜ばれるということだ。

ペルーに行った時のこと。〝英語を覚えれば給料2倍、日本語4倍、これからは中国語〟と教えてくれた若い現地ガイドが、クスコからマチュピチュまでの3日間を案内してくれた。その際、「以前、日本人の団体ツアーをガイドした時にもらったカステラが、おいしくて忘れられない」と言う。あいにくカステラはなかったが、おかきのような煎餅をプレゼントしたところ、高校球児のような笑顔で次の目的地に着く頃には食べきっていた。彼のガイドは素晴らしく、日本語も非常に流暢であった。そんな彼が、マチュピチュで「この辺には昔コンドルが自由に飛んでいましたが、富裕層がヘリコプターでやってくるため、コンドルはいなくなりました。しかし、規制によってヘリがなくなってからはコンドルが戻り、私たちは安心しています」と教えてくれた。私は思わず、「コンドルも〝喜んどる〟わけですね」と返すと、コンドルにつままれたような顔で「どういう意味ですか？」と聞く。渾身のギャグの説明をすることほど恥ずかしいことはないが、旅の恥はかき捨てだ。文法から懇切丁寧に説明したところ、「これはすごい！　次の日本人に必ず使います！」と、熱心にメモを取り始めた。とその時、ボールペンのインクが切れてしまったようなので、フリクションボールを貸してあげる。書いたものが消えるそのペンを見て、「ま、魔法のようだ。日本は、ドコマデイキマスカ？」と、急に日本語がカタコトになった様子を見れば、驚きようは一目瞭然である。マチュピチュに行って、「コンドルも喜んどるわけです」と言うガイドがいれば、それは私が仕込んだガイドである。ぜひ、フリクションボールをプレゼントしてあげてほしい。

そうそう、欠かせないものとして、ユニクロのウルトラライトダウンも挙げたい。機内が寒い時はもちろん、旅先の急な天候不良にも対応でき、有事には枕にもなる。丸洗い可能で、何よりコンパクト。ハワイに行く時でさえ持っていく（ホノルルの空港が寒すぎて、ハワイ初心者はイミグレで風邪をひく）。そんなウルトラライトダウン、一度旅先で交換の交渉をされたことがある。

疑惑のヌードル系の料理。ビジュアルから既に怪しい。バラナシにいると、こういう味なのかも、と錯覚してしまうから不思議。

あれは、インドのバラナシに行った時のこと。何を注文しても未知のものが出てきそうで躊躇していたところ、現地ガイドが「ここは、このヌードル系のスープが最も無難です」というので、それを注文した。ところが、その味は墨汁のような味がしてインド人もビックリするくらいおいしくない。その旨をガイドに伝えたところ、「こ、これは全然違う料理です！」とのことで、厨房にクレームを言いにいってくれた。聞けば、いつものシェフが今日は来なかったそうで、掃除係の男が勝手に作ったそうだ。「どうだ、俺の作った料理うまいだろ?」と自信満々に現れ「おっ、お前の着ているダウンジャケット、かっこいいな！　俺のと交換してくれ」と、言い始める始末。ツッコミどころは山ほどあるが、そんなことよりこのスープを交換しろ！　と言いたい。が、ここはインド。そんなことで驚いていてはダウンジャケットが何枚あっても足りませんゼ。

游木トオル

旅の足跡 4

旅に必要なモノ

チリ［パタゴニア］

パタゴニアの名峰トレス・デル・パイネ。Wコースなどと呼ばれる3泊4日のトレッキングルートで最後に歩いた場所。装備品はレンタルできるので、手ぶらで行ってもなんとかなる。

一度だけ、預け荷物が行方不明になるロストバゲージに遭遇したことがある。スペインのマドリードから南米チリのサンティアゴへ飛んだ時だ。空港で、長時間かけていくつかのカウンターを巡り、最後に受付番号の書かれた紙を渡された。もし荷物が見つかったら連絡をくれるという。

僕は荷物が戻ってこないことを覚悟して、最低限必要なものだけ買うことにした。見物がてらサンティアゴ中心部の商店街を歩き回り、下着2セットとコンタクトレンズ保存液を買った。それと、パタゴニアでのトレッキング用にパンツとバックパックも買った。厳選すれば必要なモノは意外と少ない。「パスポートとお金を引き出せるカードとスマートフォンだけあれば、旅はできるよね」というのが、旅人同士でよく言われることで、僕も同感だ（本当はスマホもいらないし、お金がなくてもやりようはあるらしいが）。

幸い、翌日には荷物が見つかったと連絡が来て一安心。しかし、苦労したのは、その後の某航空会社とのやりとりだった。スペイン語圏のチリにあって、一応英語で対応してくれたものの、電話で複雑な内容をやり取りするのは難しかった。その上、先方は、こちらがもたついていると余計早口でまくし立てるから、カタコト英語の僕は、もうお手上げだった。こういう情けなさは、日本ではなかなか味わえない。

そんな時、宿のオーナーの奥さんが助け舟を出してくれた。僕が泊まっていたのは家族経営の小さなゲストハウス。彼女はほぼスペイン語しか話せないが、ロストバゲージの事情は僕から聞いておおよそ知っていたし、航空会社と電話している時もそばにいたから、僕がとても困っていることはわかったようだ。それで「私が電話してあげる！」という感じで航空会社に電話してくれたのだ。スペイン語なので内容は不明だが、とにかく一生懸命なのはよくわかった。困った時ほど人の親切が身に染みる。「自分のために誰かが一生懸命になってくれるって、こんなにもありがたく、嬉しいものなんだ」と初めて知ったような気がしてジーンときた。しかも電話を終えた彼女は「大丈夫。今日、ここに荷物を届けてくれるって」という感じのことを嬉しそうに言うのだ。僕は、感謝の気持ちでウルウルしながら「Gracias（ありがとう）」を繰り返した。もっとも、その後さらに一波乱あり、荷物は後日、イースター島で受け取ることになるのだが、それまでの間の身軽さも案外心地よかった。

仕事人間だった頃は「情けない目に遭うなんてもってのほか。万全の準備をして完璧に進めるのがいいことだ」と思って頑張っていた。でもそんな時代を経た初心者バックパッカーの旅は「むしろダメダメで人に助けられながらのほうが断然面白い」と気づかされることの繰り返しなのだ。

チリの首都サンティアゴ中心部、アルマス広場付近の通り。多様な人種が行き交う雑踏の心地よさは、「みんなが同じじゃなくて当たり前」という感覚からくるのかもしれない。

topic 3

交通事情

高森 勇旗

旅の足跡 5

世界の交差点の渡り方

インド［バラナシ］

一つの道路上に、すべてが存在する。生まれてから今までに育まれた価値観は、すべて書き変わる。

「大丈夫。信じていけば、向こうは止まるから」。ホーチミンシティで交差点を渡る時、最も必要なのは勇気だ。人口約９００万人は、首都ハノイをしのぐベトナム随一の都市。しかし、街の中に横断歩道はあっても信号機はほとんどない。向こう側に渡ろうとする人を阻むのは、魚群のごとく通り過ぎる無数のバイク。渡る手段は一つ。勇気を持って歩を進めることだ。そうは言っても、実際にそこに立つとかなり怖い。首都高速を池尻で降り、国道２４６号線に合流する10倍は難しい（東京在住の人には分かるだろう）。地元の人は、ほぼノールックで躊躇なく渡っていくが、よく見ると手のひらをバイクの流れてくる上流に向けている。するると、手のひらから何かが出ているかの如く、バイクは横断者の傍を奇跡的な距離感ですり抜けていく。初めてその光景を見た時は、本当に魔法のように思えた。交差点を渡るだけで土産話になるホーチミンシティは、食事も抜群においしい。旅行先として是非オススメしたい都市だ。

所変わって、上海。恥ずかしながら、初めて上海を訪れるまでは、中国と言えば自転車が大量に行き交うイメージだった。しかし、街は限りなく清潔で、交通量は多いがクラクション一つ鳴らない。街に流れるエネルギーは日本では経験できないくらい強いが、それにしては道路が静か。何かにつけてクラクションを鳴らしまくるマンハッタンとは大違いだ。地元在住の友人によると、街の至る所、道路の隅々までカメラが設置されており、交通違反は当然ながら、不必要にクラクションを鳴らした車も即座に撮影され、検挙の対象となるそう。取り締まりの対象は車だけではない。信号を無視して横断歩道を渡った歩行者も、撮影される。以前は、横断歩道に設置されているモニターに「この人は信号無視をしました」と顔を晒され続けた（現在は顔認識でデータベースと照合し、違反金が請求されるそう）。そのせい（効果）か、上海は世界一交通ルールを守る都市なのではないか、と思う。

最後はインドのバラナシ。ここに来ると、「交差点」という概念すら曖昧になる。街自体が交差点のような街である。一つの道路上で、ヒト、車、バス、バイク、リキシャー、自転車、犬、猫、牛、ヤギ〝など〟が同時に、全方向に向かって動く。どこが道路なのか、何が交差点なのか、これまでの価値観や定義は一切通用しない。そもそも、どこに到達したら〝渡った〟ことになるのかが不明確だ。深刻な交通渋滞を引き起こしている要因の一つが、牛である。ヒンドゥー教で牛は神聖なものとして扱われており、家畜であっても殺すことができない。牛は子を産み数が増えていくが、養っていくにもお金がかかる。それでも処分することはできないので、やむなく牛たちは放され、野良牛と

登録台数は5,000万台とも言われ、世帯当たりの保有率では世界第2位のバイク大国、ホーチミンシティ。量が多すぎるが故にスピードが出ず、転んでも怪我をしないそうだ。

化す。そうして、街には牛が溢れる。彼らは堂々と街を闊歩《かっぽ》する。なぜなら彼らは神聖だからだ（彼ら、と特定するのは、野良牛はオスと決まっているから）。神聖な彼らは決まって道路の真ん中（と思わしき所）に居座る。なんでわざわざそこに……と思うが、一説によると、排気ガスを吸うことによって〝ハイ〟になっているという。道路が混めば混むほど、排気ガスが増え、それを吸いにくる牛たちが増え、余計に渋滞が引き起こる。まるでコントのようによくできた話だが、誰もそのことを解決する気もなければ、気にしている様子もない。なぜなら、それが「バラナシ」だからだ。これを、〝機能的無秩序〟と呼んだ人がいるらしい。言い得て妙、ど真ん中をいく言葉だ。

游木トオル 

旅の足跡 6

アンデスの崩れた道

ペルー［チャビン遺跡への道］

大雨の影響で崩落した道路。このような場所が近くに複数あり、復旧工事が始まっていた。乗車前に通行止めのアナウンスがあったかもしれないけれど、あったとしても聞き取れなかった。

「チャビン・デ・ワンタル遺跡はおすすめよ。インカ帝国よりずっと古い時代の遺跡で、地下通路がすごいの。だいぶ前にペルー日本大使公邸占拠事件があったでしょ。その人質救出作戦の名前がチャビン・デ・ワンタル作戦っていうの。特殊部隊が公邸の真下まで地下通路を掘って、そこから突入したからなの」。チリで出会った旅人がそう言っていた。人との出会いがご縁なら、出会った旅人が勧める場所も何かのご縁。僕はペルー滞在の終盤、ここを訪問することにした。

まず近くの町ワラスに宿をとり、チャビン・デ・ワンタル遺跡（チャビン遺跡ともいう）へ行くバスを見つけた。翌朝8時、30分遅れでバスが出発。順調に行けば2時間余りで着くはずだった。しかし、30分ほど走ったアンデスの山中で立ち往生。何事かと思って降りてみたら、土砂崩れで前方の道路が崩落している。

物珍しさに歩き回っていると「崩落エリアを迂回して反対側の道路まで歩いていけばいい。そこに別のバスが来ているよ」という話を耳にした。僕は他の乗客たちに続いて森の中を歩き、崩落エリアの反対側に出た。そして待機していた別のバスに乗り込んだのだが、1時間後にまた立ち往生。外を見回すと、後方の路上に大量の魚が散乱していた。バスの積荷が落ちたのだ。バスから積荷が落ちるなんて初めて見た。魚を拾い集めるまでしばらく待機。やっと目的地に到着したのは昼の12時だった。

その後は遺跡や博物館、それに素朴な田舎町をたっぷり堪能して大満足。「しかしワラスまで帰れるのだろうか?」。チャビン遺跡最寄りのバス停でローカルバスを待ってみたが、いっこうにやってこず、しだいに夕闇が迫る。そんなタイミングでタクシー運転手が声をかけてきた。ワラスまで20ソル(当時約630円)だという。「途中の道路が崩落しているのにワラスまで行けるの?」と尋ねると、「大丈夫。行ける」と断言する。僕はバス待ちで居合わせた3人とタクシーに相乗りした。しかし、案の定と言うべきか、崩落現場手前で20ソル払わされ、「この車はここまでだ。反対側へ歩いていけば別のタクシーが待っている」と言われて降ろされた。土砂降りの雨が降り出す中、暗闇の森をずぶ濡れで歩き、なんとか反対側に出た。

1 チャビン遺跡。紀元前900年〜前200年頃に栄えたチャビン文明の神殿跡。標高は3,000m以上だ。この下には地下通路が張り巡らされている。 2 地下通路への入り口。 3 入り口からのぞき込んだ地下通路。中は迷路のようだった。

そこには何台かのタクシーやコレクティーボ（バンタイプの乗合バス）が停まっていて、人々が続々と乗り込んでいく。「こんな山奥で置き去りにされたくないぞ」と多少焦りながらも適当なコレクティーボに乗り込んで、なんとか宿までたどり着いた。

トラブル続きの1日だったが、不思議と不平不満はない。就寝前の心境は「あー、面白かった！」のひと言。この時の僕は、ただ新しい体験を重ね、それを面白がるだけの人だった。〝よいこと〟〝よくないこと〟のジャッジなしに、あらゆる体験を喜べる。この気ままな旅人ならではの感覚が、生きるのをすごく楽にしてくれた。

topic 4

出会った優しい人

高森 勇旗

旅の足跡 7

バラナシのヒロヨさん

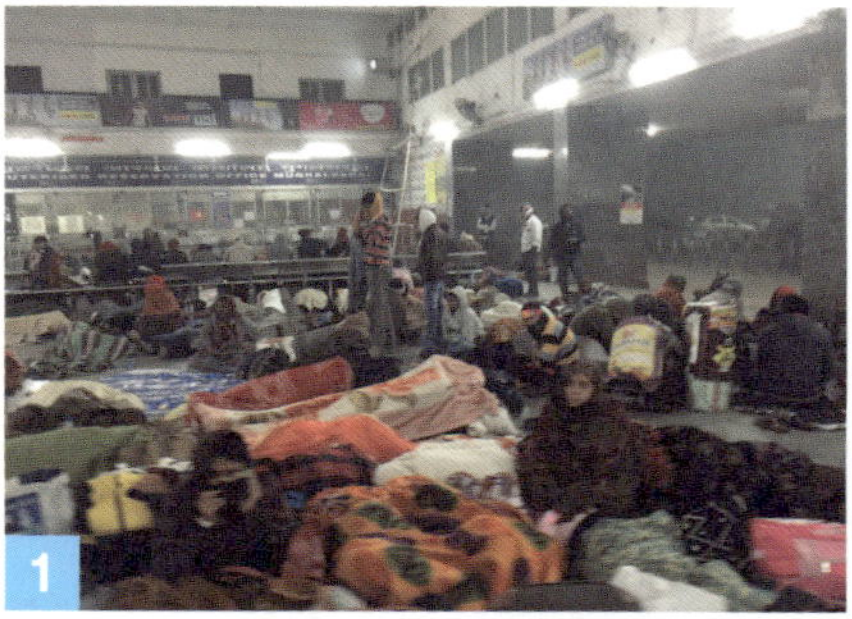

インド［バラナシ］

1 バラナシの駅。電車が21時間遅れ、到着は深夜1時。早速、理解に時間のかかる状況が広がっている。2 ガートと呼ばれる階段式の河川敷。朝は日の出前から沐浴が始まる。3 同じ場所で、夜はプージャと呼ばれるヒンドゥー教のお祭りが執り行われる。毎晩行われ、毎晩5,000人以上の人が集まる。

感覚、というのはいつも相対的である。暑い、痛い、おいしい、心地がよい……多くの感覚は、「あの時と比べて」という比較が常に動いているように思う。無論、その瞬間は紛れもなく「痛い」。しかし、次の瞬間「あの時よりは痛くない」という比較が働き、感覚にラベルをつけ、今起きた事象に関しての整理をつけることで落ち着きを取り戻す。そうでもしなければ、毎秒押し寄せてくる大量の情報を脳が処理しきれず、たちまちパニックに陥ってしまう。子どものころの感覚が敏感で、強烈に記憶に残るのは、大人に比べて比較するサンプルが少なく、多くの体験が「初体験」だからだ。故に、大人になるにつれて「初体験」は少なくなっていく。そんな中、感覚のすべてが初体験だった街がある。それが、バラナシだ。

インド北部に位置するこの街は、ヒンドゥー教の大聖地。街に流れるガンジス川は、その流域でもとりわけ重要視されており、この地で死に、遺灰をガンジス川に流されたものは、輪廻《りんね》から解脱できると考えられている。そのため、インド各地から多い日は１００体近くの遺体が運び込まれ、多くのヒンドゥー教徒が死を待つためにこの地に集まる。川岸には、ガートと呼ばれる階段状の沐《もく》浴《よく》場があり、そこにある火葬場で、運ばれてきた遺体、死を待っていた人々の遺体は順番に焼かれ、ガンジス川に流されていく。人、犬、猫、牛、ヤギ、すべては死んだらガンジス川へ。同じ場所で、毎朝沐浴が行われ、排泄物を流し、皿を洗い、髪を洗って歯を磨き、神聖な水としてペットボトルに詰めて持ち帰るものもいる。火葬場は24時間３６５日動き続けており、煙が絶えることはない。

この都市の別名は、「偉大なる火葬場」。目の前で人が焼かれ、まだ灰になり切らぬまま流されていく。日本に暮らしているとほとんど触れることのない、「宗教」というものの日常が、淡々と繰り返されていく。ここで見たもの、嗅いだ香り、触れたもの、味わったもの、聞いた音、すべてが初めての体験。私の脳は情報を処理できず、3日間ほとんど眠ることができなかった。

この地で、学校の先生をやっているヒロヨさんという日本人がいる。この地で、と言っても、ここはバラナシ。厳しい身分制度であるカースト制が色濃く残り、学校は、アウトオブカーストと呼ばれるカースト制の中に認められていないものたちが住む地域にある。かつては、この地の人とは目を合わせてはいけない、とすら言われていた地域だ。将来の職業は生まれた家の身分でほぼ決まっており、〝教育〟を受けた先、選択の自由はほとんどない。親からすれば、子どもを学校に入れて教育を受けさせるくらいなら、働いてもらったほうがいい。そんな背景が根底に流れる地で学校を運営していくことの意味は、

子どもたちの通学路。電気が通うのは一部で、ガスはない。火は、牛の糞を乾燥させたものを燃料にして燃やす。この道は一帯では整備されているほうだ。

日本で学校を運営していくこととまったく訳が違う。そして、カースト制において、〝外国人〟で〝女性〟であることは特別な意味を持つ。何が起きても自己責任。先生はおろか、暮らしていくことすら並大抵のことではない。そんなバラナシで、学校は２００８年から運営され、15年以上続いている。

「私はここに、いさせてもらっているので」

涼しげな目で、少しだけ口角を上げて、彼女は言った。その言葉が、バラナシの空に吸い込まれ、子どもたちの声だけが響く。走り回る子どもたちの周りに、土煙が上がっている。私には聞きたいことが山ほどあったが、何を聞こうとしていたかを忘れてしまった。宗教とか、教育とか、何かそういうものではない、大きくて美しいものに、私は触れた気がした。子どもたちからもらった手紙には、習ったばかりの英語で「Thank you」と書かれていた。いさせてもらっている――その言葉の意味を理解するには、もう少し旅をする必要がありそうだ。

游木トオル

旅の足跡８

優しい妖精

エジプト［カイロ］

カイロ最古のイスラム街(と思われる場所)。この先にはカラフルな土産物屋が並び、古い寺院がライトアップされていた。緊張度の高いエジプトだったが、ここでは不思議なくらい安心感に包まれ、そぞろ歩きを堪能した。

「旅で出会った優しい人って言われても、パッと思いつかないな」と困ってインターネットで軽く調べてみた。「優しい」とは、「他人に対して思いやりがあり、情が細やかである。性質が素直でしとやかである」といった意味らしい（ｇｏｏ辞書）。さらに語源を見ると、「『瘦《や》す』の形容詞形で、身が瘦せ細るような思いであることを表した語。平安時代、他人や世間に引け目を感じながら振舞う様子から、『控えめである。つつましやかである』の意味を持つようになった」のが始まりらしい（語源由来辞典）。まさに古い日本のウエットな情緒と美意識に根ざした言葉。どうりで、海外ではなかなか出会えないわけだ。

もちろん人の「親切」にはたくさん出会った。というか、日々親切に助けられながらなんとか旅を続けていた。親切も含めて優しさと言ってもいいけれど、ここではあえて「しとやか」的な狭い意味に限定しよう。そうすると海外の旅で出会う親切の多くは、困った人を助けようという積極的な自己表現だから、ちょっと違う。「でも待てよ。『優しい人』のハードルは高いけど、『優しい気持ち』を感じたことならあったはずだ」。そう思って振り返ると、エジプトのカイロで出会った小さな子供（たぶん男の子）のことが頭に浮かんだ。

あれは香港から来た旅人と２人で、乾いて殺伐としたカイロの街をひたすら歩き回っていた時だった。広場でサッカーをしている子供たちと遊んだ後、「カイロ最古のイスラム街が近くにあるはずだ」ということでウロウロ探索していた。その時、どこからか小学校低学年くらいの小さな子供が現れて、遠くから「こっちだよ」という感じで目配せしてきた。僕たちは「なんだろう」と思いながらも好奇心でついていった。その子は、時々後ろを振り返って僕たちが来ているのを確認しながら、脇道へ入り、階段を下り、石造りの城門をくぐっていく。僕たちは最初の距離を保ちながら後を追い、同じ門をくぐった。すると突然、別世界のような古くて美しい街並みが目の前に現れたのだ。ちょうど夕暮れ時。しっとりと落ち着いた石畳の通りが続き、歩いている人々の様子も穏やかで、なんだかゆったりしている。

「これが最古のイスラム街に違いない。さっきの子が案内してくれたんだ」。そう思ってお礼を言おうとしたが、僕たちが街並みに目を奪われていたほんの一瞬の間に、その子はどこかに消えてしまった。香港から来た旅人が「あれは妖精だったんじゃないかな」と言ったのを聞いて、僕もそんな気がした。

遠慮がちな仕草と、はにかんだようなまなざし。ひと言も話さず、頼まれてもいないのに、なぜか僕たちが行きたかった場所へいざなってくれて、何も求めないまま、いつの間にか姿を消した。その子の内側にある優しい気持ちを、確かに感じた瞬間だった。

ピラミッドで有名なギザの街に朝陽が昇る。すべてが砂ぼこりに霞み、乾いた砂漠にいることを実感した。

topic 5

旅に出た理由

高森 勇旗

旅の足跡 9

あなたは、ナニジン？

イタリア［ソレント］

イタリア・ソレントのレストラン。こんな場所なら、派手なジャケットを着て出かけたくなる気持ちも分かる。

日本人のパスポート保有率が、ついに20％を割り込み19・1％になった（2021年・外務省調べ）。先進国の中でパスポート保有率の低いアメリカでも42％で、カナダ66％、イギリス76％。日本は主要先進国（G7）の中で最も低い数字だ。無論、四方を海に囲まれた日本と、陸続きで他国と隣接していたり、EUに加盟している国と比べることはできない。日本人にとって外国に行くことは、文字通り〝海外〟であり、海を越えることを意味する。時間、費用、体力の面から見ても、日本人が外国に行くのは他国と比べて労力がかかるのは言うまでもない。私自身も、初めて海外を訪れたのは22歳の冬。これが遅いのか早いのかは分からないが、プロ野球選手時代の4年目のオフのことだった。イタリア語を話せる妻の強い勧めで、半ば無理やり連れていかれたのが、イタリアだった。

テレビで観た通りのイタリアが、そこにはあった。予習のために観た『ローマの休日』のスペイン階段、コロッセオにバチカン美術館。ローマから、フィレンツェ、ピサ、ベネチア、ミラノを、実質5日間で巡った。毎日、終電のユーロスターで次の街に向かい、暗闇の中でホテルを探した。

実際に現地に行くことで分かることはたくさんある。イタリアで食べるパスタがおいしいのは、イタリアの水でゆでるからである。日本より水質の硬い水でゆでることで、アルデンテになり、麺にミネラル成分がより浸透する。イタリア人の色鮮やかなファッションは、石畳の道に赤い屋根、地中海性気候の乾燥した太陽光線の中だからこそ映える。真っ青なジャケットと白いポケットチーフは、日本では派手に見えるかもしれないが、イタリアにいると、「ちょっと地味だからチーフは黄色にしてみようか」と思ってしまうから不思議だ。イタリアで見る青と、日本で見る青は、見え方がまったく違うのだ。現地に行かないと分からないことは、他にも山ほどある。それはそのまま、旅の醍醐味《だいごみ》とも言える。

2017年12月、バンコク（タイ）を訪れた。初のアジアの大都市である。それはもう、衝撃的な体験だった。超高層ビルが林立し、数千万円するスーパーカーがショッピングモールに並んでいる。少なくとも、私がイメージしていたアジアの街ではなかった。夜、日本の大企業のバンコク支社で支社長を務める方と食事に行き、アジアの情勢について教えてもらった。

「アジアの中で、日本がトップだと思っているのはもはや日本

123すべて、上海。街の進化のスピードが早すぎて、色々なものが同時に存在している。

人だけだと思う。少なくとも、タイ人は日本を見ていない。今、誰もが中国を見ている。特に、上海は見ておいたほうがいい。すでにすごい街だけど、これからもっとすごいことになる」

過去からの推移を含めた経済規模で言えば、アジアにおいて日本の地位は無視できない。しかし、今この瞬間だけを見れば、中国は言わずもがな、アジア諸国の勢いは凄まじい。

「あと、ナニジン？　って聞いてくるの、日本人が一番多い。たとえば、父親が香港で、母親がカナダ。生まれはタイ。そういう人って結構いる。それはナニジンと言えるのか？　もちろん、日本人としての誇りを持つことはよいことだと思う。でも、国際感覚は明らかに開きがある」

私は、雷に打たれた気分だった。私の中に、日本がアジアのトップであるという驕《おご》りは、間違いなくあった。それが事実かどうかはおいておいて、もっと謙虚にアジアを、世界を勉強する必要があると思った。まず、私自身のアイデンティティが日本人からアジア人になるまで旅をしてみよう。ゆくゆくは、地球人というアイデンティティを持ちたい。

そう決意して、翌2018年から毎月必ず海外に行くことに決めた。そこから2年で30カ国は訪れた。1泊3日で香港に行き、夜ご飯だけを食べに上海に行った。動けば動くほど、解像度が上がっていくもの――それは、日本という国の素晴らしさ。これだけ自然環境に恵まれ、豊かな食文化を持ち、芸術を愛し、清潔な国は他にない。日本の魅力を知るために、日本人こそ海外に出ていくべきだ。

游木トオル

旅の足跡 10

理由はあとからついてくる

チリ［イースター島］

イースター島の火口湖ラノ・カウ。目にした瞬間、数年前に流行ったアニメ映画『君の名は』のクレーターと重なった。モアイ像もよかったが、ここは今まで行った中でベスト５に入るくらい気持ちのいい場所で、かつて見たことのない美しさに心が澄み渡るようだった。

「いつ何が起きるか誰にもわからない。一度の人生、死ぬ時に後悔しないよう、やりたいことをやり尽くそう」「現場の検事としては精一杯やった。これからは魂が喜ぶことだけをしよう」。そんな想いに突き動かされ、なんのあてもなく退職したのが49歳の時。あまりに唐突だったから周りは驚いただろう。こういう場合、普通はすぐ弁護士になるのだが、そうはしなかった。職場を変えたかったのではなく、生き方を変えたかったのだ。将来設計も世間体も考えず、要するにバカになった。その代わりに味わえたまぶしいほどの解放感。その喜びに身を任せた時、ただ行きたいところへ行く放浪が始まり、その延長線上に世界一周の旅があった。

「こんなに自由なのは今だけかもしれない。今行かないでいつ行くんだ」と思った。特に目的があったわけではない。あったのは未知のチャレンジに対する不安と、それを超える無邪気な冒険心だけ。数えるほどの短い海外旅行経験しかない、50歳からの初めてのバックパッカーにとって、世界一周放浪の旅はまさに大冒険だった。

直感で計算抜きの決断をした時、その本当の理由とか意味みたいなものは、必ずあとからついてくる。退職から世界一周へと続く「人生の旅」から得たものはたくさんあるけれど、一番大きかったのは自己肯定感だろう。実のところ、子供のころから生きている意味がわからず、生きづらさに苦しんでいた。大人になってからも、世の中に自分を合わせ、認めてもらい続けるために生きているみたいなところがあった。ゆるぎない幸せへの鍵は無条件の自己肯定だとわかっていても、どうやったらそれが得られるのか、まったくわからなかった。けれど長い旅を終えた時、「生まれてきてよかった」と心から感じている自分がいたのだ。そんなふうに思えるなんて夢のよう。旅に出る前はこんな奇跡が起きるとは思ってもいなかった。

ではどうやって自己肯定感が育まれたのか、ということになるけれど、残された字数で表現するのは難しい。そもそもこんな長くて濃い物語を短いエッセイで書くこと自体に無理があるのだ。とは言え自分で選んだことだからさわりだけ書いてみると、「ダメダメでいるしかない」「全力で心を開くしかない」「委ねるしかない」「すべて自己責任」といった一人旅独特の環境で、世界中の人々や大自然と触れ合えたのがよかった。あとは僕の書いたすべてのエッセイを読んでいただければ、その雰囲気くらいは少し伝えられるかもしれない。

いつ、どうして旅に出るか、そして旅から何を得るかは人それぞれ。でも僕と似たような感覚を抱く人は結構いる気がする。もしも今の生き方に違和感がある

グランドキャニオンの日の出。朝焼けと夕焼けにも地域ごとの個性があって、その瞬間その場でしか味わえない感動がある。ここでは雲たちがまるで生き物の群れのように姿を変え、僕を勇気づける何かを語りかけてくるようだった。

なら、今が新しい旅に出るタイミングなのかもしれない。それはどんな形でもいいけれど、手放せないと思い込んでいた何かを捨てて、自分基準で「大冒険」と呼べるだけの、不安でワクワクする旅がいい。

topic 6

食べ物

高森 勇旗

旅の足跡 11

ハワイの鮨屋

アメリカ［ハワイ］

ハワイは、いつ来ても、どこを切り取っても、ハワイ。特に何があるわけでもないのに、なぜか無性に行きたくなる不思議な場所。

東京・四谷に、界隈では知らない人がいないほど有名なお鮨屋さんがある。その親方は伝説的な人物で、数年前、自身のお店をハワイ・ホノルルに開いた。東京で盤石に築き上げてきた地位や名誉を捨て、一から挑戦するその姿は、テレビでも取り上げられるほど話題になった。

「東京にいたらさ、お客さんもいて、弟子もいて、仕入れもイイのが入ってくる。もう、自分で苦労することがどんどんなくなっていく。こりゃダメだと思っても、人間心地のいいものをなかなか捨てられない。だから、逃げるように来たのよ、ハワイに。そしたらさ、忘れてたものがたくさんあってね。こっちにはこっちの魚がいて、こっちの漁師さんがいて、こっちのお客さんがいる。一からつくっていく楽しさを思い出したよ」

異国の、しかも離島で鮨屋を経営していくことは、簡単なことではない。魚はどこから仕入れればよいのか。また、仕入れた魚は適切に処理されて運ばれてくるのか。捕獲から魚の絞め方、保管、輸送の方法など、地元の漁師さんと協力しながら仕入れルートを確保していく。そんなある日、ひょんなことからハワイの食文化に触れ、このことがきっかけで親方の魚への向き合い方が変わる。

「魚の旬ってのは、言うまでもなく産卵前。栄養を蓄えようとして、一番おいしくなる。それで、地元の漁師さんに産卵前のマグロを依頼したのよ。そしたら、届いたマグロは産卵後の痩せほそったマグロだった。おい、これ違うじゃねえかって言ったら、『そんなことしたら、海からマグロがいなくなる。ハワイでは、産卵後のマグロしか獲らない』って言うんだ。そんなスカスカなマグロ、どうするんだって言ったら、『だから、ごま油と合わせたポキという郷土料理があるんだ』と教えられた」

資源の少ない離島で生きていくには、食糧を調達しつつ、それを守っていかなければならない。産卵後のマグロは味が落ちるかもしれないが、それは資源を守るため。ならば、その食材をおいしく食べるにはどうすればよいか。そこにこそ、先人の知恵が詰まっている。そのことを、ハワイの漁師から教わった。

「あれは、本当に衝撃を受けた。東京にいたら、最高級の食材だけが集まってくる。だから、ほとんど考えない。こっちにいたら、この魚、どうやってうまくしようかって、毎日本気で考える。そうだ、料理ってのは本来こういうことだよなって、心から思った」

ハワイで調達したものを使って、ハワイでしか食べられない鮨をつくる。そこには、日本最高峰の鮨屋というある種のおごりは微塵《みじん》も感じられない。鮨と向き合い、長い年月をかけて磨き上げてきた技、心を、ハワイという土地と同化させ、芸術の域に昇華させている。タロイモの葉で蒸し焼きにしたラウラウという伝統料理が、親方の手にかかれば立派な江戸前になる。鮨に欠かせないガリも、ヤシの新芽でつくってみせる。爽やかな味、軽快な食感は、日本では味わえない逸品だ。オパと呼ばれる赤マンボウのハラスを焼いて、その上にフィンガーライムを添えた料理は、食感、味ともに言葉を失うおいしさだった。

「鮨に日本酒、焼き鳥に焼酎、チョコレートにウイスキー。合う組み合わせというのは、大体決まっている。酸には脂。マウイ島でこのフィンガーライムを見つけた時、この酸に合う脂は何かと考えて、これを思いついた。こうやって新しい食材と出会うたびに、どうやったらおいしいものをつくれるかを考えるのが楽しくてね」

時折いたずらっぽく笑いながら、真っ直ぐにこちらを見つめる。言葉の一つひとつは、その日学校で起きたことを母親に報告する子どものように、純粋な好奇心によって紡ぎ出されていく。その真っ直ぐさは、直視できないほどに眩しい。

「ハワイに来て、鮨を握るのがうまくなったのよ」

そう言って、日本最高の鮨職人は、また笑った。

游木トオル

旅の足跡 12

世界一周、食のリアル

スリランカ［田舎のカレー屋］

スリランカ・カレー。手づかみでの食べ方も初めて教わった。ここでは好きな味のカレーを好きなだけ食べられた。

世界中の食べ物を味わうことは世界一周の旅の楽しみの一つ。でもその反面、長期の旅では時々困ることの一つでもあった。

最初の地、スリランカはまだよかった。旅立って間もなかったし、なんと言ってもスリランカ・カレーはおいしい。毎日食べても飽きなかった。次に訪れた東南アジアの国々もおいしい食べ物が多かった。しかし、外国の料理はたいてい、スパイシーで、濃厚で、脂っこい。初めのうちは、「せっかく海外に来たのにわざわざ日本食なんて」と思っていたが、日本を離れて1カ月くらい経つと、体に優しい日本食が無性に恋しくなった。自炊できる宿では自炊もしたけれど、日本食の良い食材が手に入る場所は限られていたし、そもそも料理が得意なわけでもない。ということで何度か日本食に避難した。しかし、当たり外れもあり、結局自分にとって重要なのは日本食かどうかではなく、〝食材を活かす作り手のこだわりと繊細さ〟みたいなものなのだと気づかされた。

日本食にありつけなくても、体に優しい手頃な地元料理があると救われる。ヨルダン、エジプトと、エスニックな味が続いて胃腸が疲れ果てていた時、エジプトで出会ったオアシスが「コシャリ」だった。これはマカロニパスタにトマトスープをかけたようなシンプルな軽食。ちょうど日本のそばのような感じで、安く、手軽に、どこでも食べることができた。

おいしくて、リーズナブルで、最高に楽しかったのがゲストハウスならではのシェア飯だ。同宿のみんなでお金を出し合い、地元の新鮮な食材を買い出しし、宿の共用キッチンで自慢の料理を作って、みんなで盛大に飲み食いする。もちろん年齢性別国籍一切関係なし。自由で個性的な旅人たちと、カオスな居心地の良さを体感できる素敵なイベントだった。

南国でありがたかったのは、新鮮なフルーツだ。ハワイのカウアイ島では、道端にマンゴーの大木が生えていて、採り放題の完熟マンゴーを心ゆくまで堪能した。自然の中にあるものを直接採って食べることほど、真の豊かさを実感させてくれるものはない。大自然の恵みに対する感謝、生きている喜びが自然と湧き上がってくる。こう振り返ってくると、幸せな気持ちにさせてくれるものは支払う金額とは無関係、むしろ相反するくらいだったなと、あらためて思う。

前職で忙しく働いていた時代は消化器系が弱く、日常的に不調を抱えていた。旅立つ前は「外国の食事が続いて大丈夫かな」と不安な気持ちもあったが、行ってみたら大丈夫どころか、日本にいる時よりもずっと快腸だった。お腹を壊したのは数えるほど。最後に訪れたインドでは、1カ月以上の滞

1 エジプトのアスワンで食べた「コシャリ」。甘酸っぱさと辛さのバランスが絶妙で、クセになる味わい深さ。 2 ハワイ・カウアイ島のマンゴーの木の下。木の上も地面もマンゴーだらけで食べ放題。小ぶりだが、日本のスーパーで売っているマンゴーより格段においしい。

在期間中、雑多なローカル食をよく口にしていたけれど、お腹を壊すことは一度もなかった。インドでお腹を壊さなかったのは幸運と言うほかないが、それまで世界中の細菌やウイルスを少しずつ体内に取り込んだおかげで、免疫力が強化されていたからに違いない、とも感じている。

topic 7

宿

高森 勇旗

旅の足跡 13

ホテルの選び方

イタリア［ミラノ］

ミラノの中心地・ドゥオモ。圧倒的な存在感で、この周りにオシャレで高級なお店が軒を連ねる。ミラノに行ってここに行かない人はいないと思うが、この周りのホテルは入りづらく、値段も非常に高い。少し離れたところに宿泊しても、十分に旅を楽しむことができる。

「夏にリリースする商品は、やはり夏に開発しなければならない」

某大手ハンバーガーチェーンの方から教えていただいた、商品開発における考え方である。夏でなければ、夏のことは分からない。季節商品の開発は、1年前に行われるそうだ。旅にも似たところがあって、スマホでホテルを検索している時には、現地のことは現地に行ってみないと分からない。とりわけ見逃しがちな3つのことがある。それは、①荷物の多さ（重さ）、②歩道の舗装具合、③当日の疲労感である。ゆえに、特にヨーロッパを旅行する際には現地の状況に思いをはせながらホテルを検索する必要がある。

旅の荷物は当然重い。長期の旅行となると、大型のスーツケースの他にリュックサックを背負っている場合もある。空港を出てすぐはまだよい。ワクワク気分が重さを忘れさせてくれる。しかし、空港から目的地に向かうまでの間、鉄道であれば数度の乗り換えを要する。その間、荷物を上げ下げしながら人の波に乗り、時にはスーツケースを持ち上げて長い階段を駆け上がることだってある。そんなことを繰り返している間に、目的地に着く頃にはどっと疲労感が押し寄せる。そして、ヨーロッパは多くの場合、路面が石畳だ。リュックサックを背負い、左手にGoogleマップ、既にマメのできた右手で引きずるスーツケースのタイヤは石畳に引っかかり転がらない。またしても、片手で持ち上げながら街を練り歩くことになる。現地に着く頃には、右腕は左腕よりも20㎝は伸びているはずだ（実際にはそんな気分）。もっと問題なのは、帰りである。帰りは、行きよりも荷物が多い。その正体は、お土産だ。行きよりも重さを増したスーツケース、はち切れそうなリュックサックを背負い、お土産を詰めた袋をどうにかして持つ。いかにも重そうな荷物を体中にまとい、両手がふさがった旅行者を、スリが狙わないわけがない。旅行最終日の疲れた体で、スリに警戒しながら、再び空港に戻るのだ。

これらを一挙に解決する方法がある。それは、バスだ。ほとんどすべての国際空港から市街地まで、リムジンバスが出ている。これに乗れば、乗り換えや荷物の上げ下げはなく、スリの心配も鉄道に比べて激減する。よって、ホテル選びで最も重要なポイントは、「空港バスの停車地点から徒歩2分以内」だ。ミラノであれば、空港バスはミラノチェントラーレ駅に停まる。中心地のドゥオモからは地下鉄で10分ほどだが、空港アクセスと、前述した荷物問題を考えると、他の選択肢がないくらいおすすめの場所だ。ちなみにこのミラノチェントラーレ、周辺はアスファルトの道なため、スーツケースのタイヤも問題なく転がる。ドゥオモやモンテナポレオーネといった中心地を狙うと、たとえタクシーだと

街の中はこのように入り組み、人も多く道も石畳が多い。荷物を引きずってホテルを探すうちに、体力のほとんどを消耗してしまう。

してもホテルまで近づけない場合もあり、なおかつ石畳である。スーツケースを苦労して引っ張る旅行者を見るたびに、チェントラーレにしてよかった、としみじみと感じるのである。バルセロナでは、カタルーニャ広場前。ここも、あらゆる場所にアクセスが良い。このように、各都市で空港バス直結の市街地を探せば、どこを拠点に旅をすればよいかが明らかになってくる。

空港バスを利用する際の注意点は、日本で事前にチケットを買っておくことだ。現地に着いて、言葉が話せない中でバスのチケットを購入するのは難易度が高い。バス停を探すだけで頭がいっぱいになることもある。日本にいるうちに、往復のチケットを買っておけば、空港から現地までの往復の心配は大部分がなくなる。それでこそ、肝心の旅に集中できるというものだ。あとは、ホテルに泊まる際に必ず携行するものとして、変圧プラグと歯ブラシを忘れてはならない。外国に行くと、電源プラグの形が違う。このことは知っていても、つい忘れがちなアイテム。現地に行って購入しようとしても、英語やその他の言語でなんと言っていいか分からず、どこに売っているかも分からない。そして、丁寧に使い捨て歯ブラシが常備されているホテルは、日本くらいである。こちらの場合、忘れても現地で買うにはハードルが低い。しかし、得体の知れない歯磨き粉を一度買うと、それは数カ月なくならない。まぁ、その度に現地を思い出せるとすれば、それも悪くないか。

游木トオル

旅の足跡 14

揺れるロッカー、使っちゃダメ

モロッコ［マラケシュ］

夕暮れ時のマラケシュ旧市街、ジャマ・エル・フナ広場。屋台、物売り、見せ物がひしめき合うカオスが心地よい。この周りには迷路のようなスーク（狭い路地と市場）が広がっていて異国情緒満点だった。

宿にもさまざまなタイプがあるが、世界一周の旅の間、ホステルとかゲストハウスなどと呼ばれる相部屋（ドミトリー）タイプの安宿をよく利用した。1泊数百円から2000円くらいでコスパもいい。世界中の旅人と交流できて最高に楽しい。が、まれにびっくりするような宿に出くわすこともあった。

旅に出て4カ月目、場所はモロッコ。珍しく風邪をひいて体調が最悪だった上、心の中に嵐が吹き荒れていた。長旅の間にはそういう時もある。基本的には解放感と幸福感に満たされているけれど、いろいろな刺激に心が揺さぶられ、隠れていた感情、自分の弱点と向き合わざるを得なくなる時がしばしば訪れる。仕事最優先で忙しく生きていた当時、心の中の嵐はただの障害物。なんとか速やかに気持ちを切り替え、仕事に集中することでやり過ごすのが常だった。それがうまくいかないと仕事に支障が出て、繊細な人ほどメンタルをやられる。しかし長旅の中では違う。時間に縛られることなく、何時間でも何日でも、好きなだけ向き合えばいい。そのせいでせっかくの旅先を十分に楽しめないこともあったけれど、自分の気持ちを置き去りにせず、寄り添いながら過ごせるのがありがたかった。

ともかく僕は、体調不良と心の中の嵐に翻弄《ほんろう》され、状況をコントロールするのが面倒くさくなっていた。普段なら事前にインターネットで宿を調べておくのだが、その時はマラケシュで適当なバスに乗ってエッサウィラに着き、バスで知り合った旅人が予約しているホステルまでついていった。

ところがそこは満室で、代わりに近くの古びたホステルを紹介された。そこで僕はフレームがさびてゆがんだ2段ベッドの上段を指定された。とりあえず上ってみたが、このベッド、半端なく軋む。軋むというより大きく揺れる。かなり危ない。シーツや枕カバーがセットされていたが、薄暗い中で見ても黄ばんでいる。というかちょっと臭う。「これ、洗ってないいんじゃないか？」と宿の管理人に訴えたが、「洗ったよ」と一蹴。今さら別の宿を探す元気もない。仕方なくベッドに戻り、恐る恐るシーツをめく

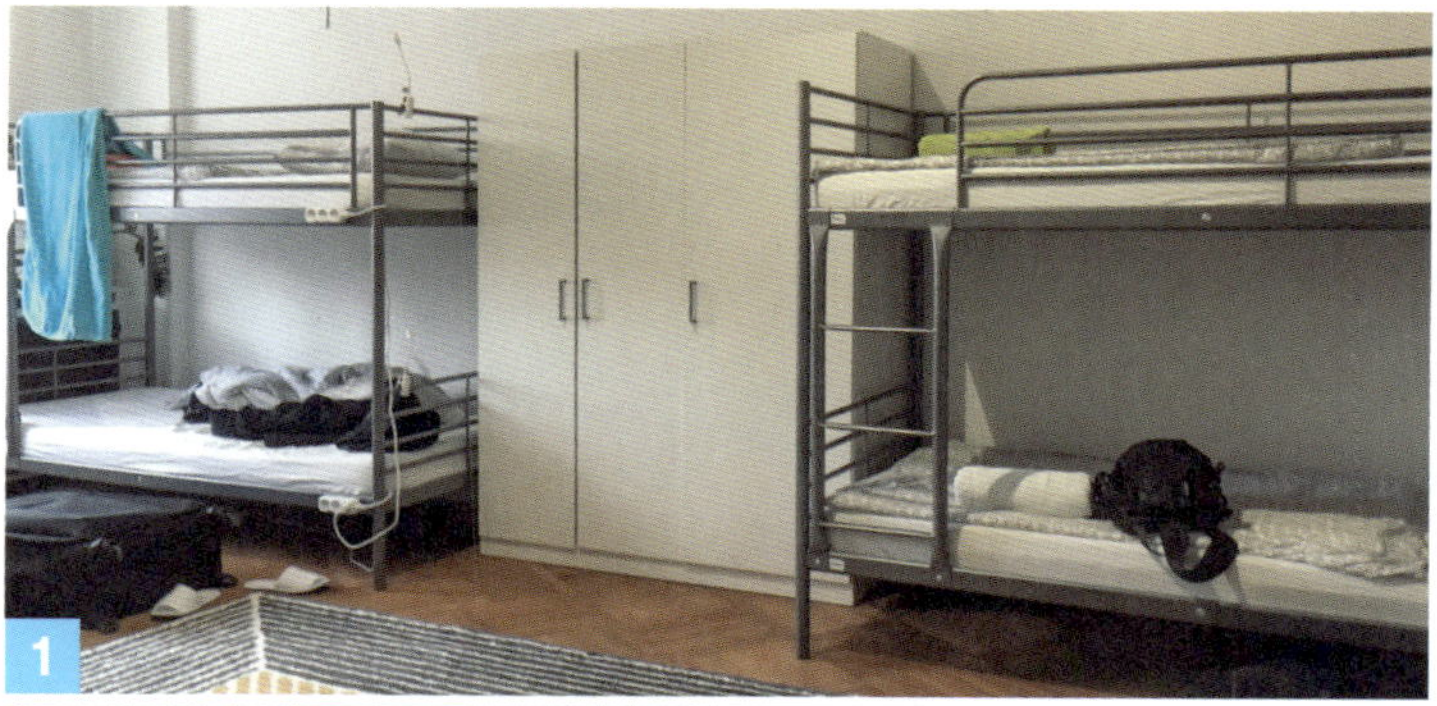

1 残念ながら問題のベッドとロッカーの写真がない。代わりに別のチェコで泊まった綺麗なドミトリーの写真。本文のはこれを何十年も手入れせずに酷使した成れの果てといったイメージ。2 3 エッサウィラの路地と商店街。本文に登場した宿はこんな感じの路地を更に分け入った奥にあった。

ってみた。心配した通り点々と黒いものがある。虫の死骸だ。旅人の大敵、ダニと南京虫に全身を食い荒らされる事態は避けたい。非常時の防寒用に持っていた大きな銀シートを敷いて寝ることにした。

部屋にはスチール製の貴重品ロッカーが置いてあったので、貴重品類を入れて鍵を閉めた。だがこのロッカー、妙に軽くて揺れる。「ちゃんと固定されていないのかな？」と思いロッカーを動かしてみることにした。ロッカーは簡単に前に傾いたので裏側を見てみると、なんと中が丸見え。ロッカーの背面がなかった。裏から貴重品を盗み放題。まったく意味のない、むしろ有害なロッカーだ。「このロッカー、使っちゃダメなやつだよね」。隣の2段ベッドで僕の様子を見ていた同宿者が言った。後で話すと彼はベネズエラから来た旅人で結構いい奴だったが、貴重品は部屋に置けなかった。

topic 8

世界の空港

高森 勇旗

旅の足跡 15

激走! マルペンサ空港

エジプト［カイロ］

モスクから臨む旧カイロ市街。掘ると、そこら中から遺跡が出てきてしまうため、1000年前くらいの何かが出てきたとしても、大して驚かないらしい。

どうしても、その便でエジプトに行かなければならなかった——。というのも、エジプトにおけるＶＩＰの知人があらゆる手配をしてくださり、荷物のピックアップ、ホテルまでの道のりにすべてのアテンドが付き、イミグレーションの通過に関してはほぼスルーという好待遇での旅行だったのだ。私の乗る予定の便は、当然エジプトで待っているスタッフに伝えられている。だから、この便を逃すことは許されない。なのに、出発の10分前だというのに私はまだイミグレーションも通過していないのである。場所はミラノ・マルペンサ国際空港。私の頭の中は、どうやったら間に合うかを考えるモードから、関係各所にどうやって謝罪しようかというモードに切り替わっていた。

1時間半前に時を戻そう。私と妻は、かなり余裕を持ってマルペンサ空港に着いた。ひとまず、バルセロナ、ミラノで買った商品のタックスリファウンド（対象商品を手続きすると免税の対象となり、返金される）のために専用カウンターに向かった。ＥＵ圏で買ったものの免税は、ＥＵ圏から出る最後の国で手続きを行うことになっている。

ここの窓口が意外にも混雑しているではないか。危機管理に優れる妻は、先にチェックインしておくね、ということで出国ゲートに向かっていった。そう、出国である。ＥＵ圏から出る際はイミグレーションを通過しなければならないということを、この時すっかり忘れていたのである（ＥＵ圏内の移動は出入国審査が免除されるため、国境を越えても国内移動のような気分で飛行機に乗れてしまう）。

出発1時間前。いよいよ焦り始めた。免税手続きは、終わらないどころかまだ順番を待っている。この時点では、イミグレがそこまで混んでいる訳がないという謎の自信もあった。免税手続きが終わり、ダッシュでイミグレに向かう。この時すでに、出発30分前。「出発20分前までに保安検査場を通過すればＯＫ」という固定概念によって、それでもまだ間に合うと信じていた。その時、目の前にイミグレの大行列が現れた。新宿伊勢丹の新春初売りを想起させるほどの大にぎわいだ。さすがの私も、焦りに焦った。「I have no time!!」という、今思い返しても他の表現はなかったのかという直接的な英語で叫んだ。すると行列の中からイタリア語で何か言い返してくる者がいる。何を言っているか分からないが、「時間がないのはお前だけじゃないんだ！　残念だったな！」と言っているのは顔を見れば明らかだ。「ぐぬぬ……」と言いながら、耐えるしかない自分が情けない。そこで強引に割り込んでいけるだけの勇気はなかった（ちなみに、連載時のタイトルは「ユウキが行く。」）。

10分前。日本だったら、いや、世界のどこであっても、出発の10分前にようやくイミグレを通過したところで、

ピラミッド。遠景はよく見るが、近づくとこの迫力。例え好奇心が湧いたとしても、登ろうと思わないほど絶望的に険しく、危ない。

ほぼ100%アウトである。しかし、私は奇跡を信じて走った。こういう時に限って、搭乗口は空港の端っこだ。少なく見積もっても700mはある。スーツケースを転がしながら、免税の手続きのために持っていた買い物商品も抱えながら、それはもうメロスがセリヌンティウスを救うがごとく、イタリア人に二度見されながら走りに走った。そんなに速く走れるなら、もう少しプロ野球選手としてプレーできたのではないかと思うほどのスピードだ。

なんと、間に合った。ミラノからカイロに向かう旅行客の中で、汗だくの肩で息をしている東洋人が1人。その横にタオルを持って激走をねぎらう妻。明らかに異質だが、もうそんなことはどうでもいい。間に合ったことだけが唯一の救いだ。

吹き出す汗、酸欠で朦朧《もうろう》とする意識の中ではっきりと見えたのは、そこから余裕で歩きながら搭乗してくるイタリア人。「あれ、俺のダッシュはなんだったんだ？」と思うくらい、優雅に歩いて乗ってくる。それも、1人や2人ではない。結構いる。おそらく、イタリア語に「焦る」という言語はないのだろう。逆に、「優雅」という言語はたくさんありそうだ。

游木トオル

旅の足跡 16

ターミナル間の移動

エジプト［アスワン］

アスワンの街とナイル川。荒涼とした砂漠地帯の中、ナイル川の周囲だけに緑が茂り、ナイル川だけが青くきらめく。

空港のターミナル間の移動は、ちょっと難易度が高い。羽田空港でさえ、このあいだ第1ターミナルと第2ターミナルを間違えたのだが、いざ移動しようとしたら、意外と分かりにくかった。「乗り継ぎ」も結構ドキドキする。定められたルートから外れないよう、案内表示を注意深く追いかけながら歩く。空港の全体像や通路の地図が頭に入っているわけではないから、どこをどう歩いたかなんて把握していない。日本国内でさえそうなのだ。

あれは世界一周を始めて約2カ月、エジプトのカイロ国際空港。初めての国、初めての空港だった。空港では入国関連の手続きがあるから、いつも気持ちにゆとりがない。まずは無事入国させてもらえることが最優先だ。エジプトではアライバルビザの取得という慣れない作業もあったから、とにかく入国できてホッとした。ここから国内線に乗り継いで一気にアスワンまで飛ぶ計画。到着した場所はおそらくターミナル2で、乗り継ぎ便はターミナル3から出るらしいから、そこまで移動しなければならない。が、そのための案内表示が見つからない。何がいけなかったのかわからないが、乗り継ぎの通常の移動ルートから外れてしまったらしい。ターミナル間の位置関係や移動手段など、まったくわからなかったので、とりあえず目に入ったタクシーカウンターのお姉さんに尋ねてみた。「ターミナル3ですね。タクシーで行くしかないですよ。定額で180エジプトポンド(当時約1160円)です」。ほんとかなあと思いながら、とりあえずATMを探して現地通貨を引き出した。ふと横を見ると、隣に空港内の案内マシンがある。「ターミナル3、ターミナル3……

あれっ？　歩いていけるじゃないか。危ない危ない」。

とはいえ、この案内マシン、なんだか分かりにくい。ともかく適当に歩いて隣のビルに入ってみた。キョロキョロしていると、その辺をうろついていたおじさんが満面の笑みで声をかけてきた。「どうしましたか？　私は空港の案内係です。ほら、身分証ですよ」と言って首から下げている身分証らしきものをヒラヒラさせる。「あの、ターミナル3はどっちですか？」「はいはい、それなら私が案内するから、ついてきてください。さあさあ」。どうも怪しい。周りを見回すと、向こう側にインフォメーションデスクがあった。おじさんを放置してそこへ行き、「あそこにいるおじさん、空港の案内スタッフだって言ってたけど、そうなんですか？」と尋ねると、「違うよ」と即答。わかっているのに取り締まるとかしないいんだな。

その後もさらに迷走したが、なんとかターミナル3にたどり着くことができた。通常のルートを外れて一気に難易度が上がった。特に空港の全体像がわかるような地図がどこにも見当たらなくてとても不便だった。とは言

アブ・シンベル神殿。ラムセス2世時代の巨大遺跡。アスワンからさらに何時間もかけて南下したスーダンとの国境近くにある。アスワンハイダムの建設でダム湖に沈むところだったが、ユネスコの救済活動で、移設・保存された。これをきっかけとして世界遺産の制度が作られた。

え、入国早々やってきたエジプトならではのトラップたちをなんとか切り抜けたのだ。ちょっと自分をほめてやりたい気持ちになった。もっとも、またすぐに打ちのめされることになるのだが。

topic 9

世界最大の○○

高森 勇旗

旅の足跡 17

世界三大滝を巡るには

ブラジル・アルゼンチン［イグアス］

イグアスの滝。これで、滝全体のほんの一部分。ゲームのダンジョンの中に入り込んだような、非現実感がある。ブラジル側、アルゼンチン側で見え方がまったく違う。

私が世界中を旅するキッカケになった旅と言えば、２０１５年に行ったイグアスの滝である。ひょんなことから、世界三大瀑布のどこかで滝行をする、という謎の企画が立ち上がり、あれよあれよという間に私だけが行くこととなってしまい、縁もゆかりもなければ、特段行きたいとも思っていなかったイグアスの滝に行くことになった。場所はブラジルとアルゼンチンの国境。成田空港から33時間かけて、巨大な水煙が昇り立つフォス・ド・イグアス空港に辿り着いた。

現地の言葉で「大いなる水」を表すイグアスは、滝幅約４㎞、高さが最大で約80ｍと、〝世界最大〟の滝である。大小約３００の滝があり、一番大きな滝は、流れ落ちる水量が毎秒７０００ｔ。日光にある華厳の滝が、水量の多い時で毎秒30ｔと言われているので、なんと２３３倍！「ドラクエにこういうダンジョンあった気がするな」という子どものようなコメントしか出てこないほど、現実離れしたスケールである。ここを訪れたら、泊まるホテルはベルモンドホテル・ダス・カタラタス一択。このホテルは、イグアスの滝一帯が国立公園化される前からあったため、国立公園の中にある唯一のホテル。夕方、公園のゲートがクローズした後でも、宿泊客だけは夜の滝を見にいくことができる。満月の夜は、滝の水煙が月光に照らされ、虹が出るそうだ。この素晴らしいホテル、注意事項がある。滝までの距離が近いために、常時滝の轟音が響き渡る。これは、風情があってよい。ただ、洗濯物が乾かない。滝を観にいくと、容赦なくずぶ濡れになる。濡れた衣服を乾かそうと部屋につるしておいても、それは永遠に乾かない。滝を観にいく時は、水着で行くことをおすすめする。

イグアスに行って、滝の魅力に目覚めたかと言えば、そうでもない。しかし、世界三大瀑布の1つを訪れてしまったために、あと2つが気になってしょうがない。ということで、ヴィクトリアの滝に行くことになった。場所はジンバブエとザンビアの国境。ここの滝の見どころと言えば、滝が流れ落ちるまさに目の前まで見にいけるところ。見にいけるどころか、ちょっとしたプールのようになっていて、水の中に入ることさえできる。全体的に柵がない箇所が多く、いろいろと自己責任なところは日本ではまず体験できないだろう。滝の全景を見ることのできるスポットは、水煙が強すぎるというか、暴風雨の中にいるような状態で、ほとんど目を開けることができない。ゆえに、ほとんど何も覚えていない。

しかし、滝に注ぎ込まれ

1 ビクトリアの滝に流れ込むザンベジ川クルーズの最後に現れた満月。冗談ではなく、偽物の月が上がってきたと思った。もしかして、動物も滝も月も、すべて作り物だったのかもしれない。2 ナイアガラの滝。世界一わかりやすい滝。ぜひ、最後に訪れたい。

るザンベジ川のクルーズでは野生のゾウやカバがそこら中におり、この日、川の向こうに上がった満月の大きさは忘れることができない。滝よりも、自然や動物のスケールのほうが思い出に残りやすいスポットだった。

最後が、かの有名なナイアガラの滝。ここの見どころは、なんと言っても近いこと。イグアスもヴィクトリアも、行こうと思うと相当な時間と覚悟がいる。しかし、ナイアガラはニューヨーク旅行のついでに日帰りで行ける。イグアスやヴィクトリアは、滝の幅が非常に長いため、見どころがありすぎる。そのため、堪能するには相当な時間を要するが、ナイアガラはとんでもなく大きい滝がドーンとあるのみ。近い、見やすい、分かりやすい！　ただ、「ナイアガラの滝を見にカナダに行く！」という人はおそらく稀で、前述したように、多くはニューヨークと合わせて行くだろう。故に、滝を見た思い出は、自由の女神やタイムズスクエア、ブロードウェイのミュージカルなどに上書きされる可能性が高い。これから三大瀑布を巡る予定の方においては、ナイアガラはぜひ〝最後〟に行ってほしい。最初に行ってしまうと、「ま、滝ってこんなもんだよな」となりがちで、後の2つに行く動機が生まれづらい。最初にイグアスに行ったなら、世界三大瀑布を巡る動機がそれこそ〝滝のように〟溢れてくるに違いない。

游木トオル

旅の足跡 18

巨木の森

アメリカ［レッドウッド国立州立公園］

レッドウッド国立州立公園の森。超広角レンズで撮っても、樹高が高すぎて下のほうしか写せない。

そこにいる、ただそれだけで満たされる。そんなところと出会える時が、旅の中ではたまにある。アメリカ西海岸、カリフォルニア州北部の「レッドウッド国立州立公園」は、そんな最高の場所の一つだった。高さ数十mから100mを超える巨大なコースト・レッドウッド（ヒノキ科セコイア属の針葉樹）が群生する広大な原生林。とにかく1本1本の大きさが半端ない。そしてそんな巨木が時々姿を現す、のではない。そこらじゅう、巨木だらけなのだ。ハイペリオンと名付けられた世界一高い木もこのエリアにあり、その樹高は115mを超える。30階建てのビルに匹敵する高さだ。そして世界の樹高ランキング上位はこの森の独占状態。同属のジャイアント・セコイアが体積最大の樹木ならば、コースト・レッドウッドは高さ最高の樹木だ。

そんな巨木の森を歩いていると、その異様なサイズ感のためか、地球とは別の星に来たような錯覚に襲われた。この森が映画『スター・ウォーズ』のロケ地（衛星エンドアでの戦闘シーン）に使われたというのもうなずける。と同時に、太古の森にタイムスリップしたような、不思議な感覚にもなった。テレビか何かで観た映像の記憶から、無意識的に「太古の森っぽい」と感じたのかもしれない。が、はたしてそれだけだろうか。僕がその場で抱いた感慨は、未知の別世界に対するものではなくて、「ようやく本来の姿の森に再会できた」という懐かしさと喜びみたいなものだった。現にこの公園のホームページによると、この地では1億6000万年前のジュラ紀からコースト・レッドウッドの近縁種が生い茂り、少なくとも2000万年前にはコースト・レッドウッドの森が存在していたそうだ。とすれば、「DNAに刻まれた太古の森の記憶」のようなものがどこかに存在していて、その生き残りの森に入ることで、太古の記憶が呼び覚まされたのではないか。そんなロマンチックな想像が膨らんだ。

そのせいか、初めてこの森に入った時、前述の懐かしさと喜びから来る笑いが腹の底から込み上げてきて、しばらく止まらなかった。ひとりぼっちの森の中、言葉にならない感動の声を上げながら、満面の笑みで歩くという、他人から見ればちょっと面白い、自分的には至福の状態がしばらく続いた。

ところで、一見広大に見えるコースト・レッドウッドの森だが、近代以降の商業伐採によりすでに大部分が失われ、伐採前のわずか4%が残されているにすぎない。それも20世紀初頭からの保護活動のおかげで、ようやくわずかな原生森が残されたということだ。地球規模で見ると、ここ以外の世界中の森林がすでにどれだけ消滅し、今も失われ続けていることか。

世界一周しての最大の感想は「地球は美しい」だった。

レッドウッドの森と似た雰囲気を持つ、屋久島の原生林。厳かな巨木の森。屋久島のような豊かな森と、それが生み出す綺麗な水こそが、世界的に貴重な日本の宝。これも世界一周による大きな気づきの一つだ。

原生林をはじめとする美しい自然こそが、生命の豊かさを生み出す源泉。人間だってその生命の一部だ。美しい自然を失うことは、「世界最大の損失」と言えるのではないだろうか。

topic 10
正月

高森 勇旗

旅の足跡 19
年越しの寝台列車

インド［バラナシ］

バラナシの駅。駅で寝泊まりする人々。こういう光景も、インドに6時間くらい滞在すると、日常の風景として認識されるようになる。

「年末年始、インドに行きたいんだけど」

こういう切れ味鋭い提案は、いつも妻が持ってくる。なぜ年末年始にわざわざインドに？　しかも、行ったこともなければ、特段行きたいとも思っていない、インドに。

「私、1人でも行ってくるから」

いや、ちょっと待て。それはダメだ。無論、危険があることもさることながら、インドに行ったという経験でマウントを取られてはならぬ。とはいえ、インドである。当時の私からすると未知すぎる上に、どちらかと言うとせっかく正月の旅行に行くなら、別の所のほうがいいんじゃない？という提案をしたい。

「行くなら、旅費は私が出すよ」

矢継ぎ早に繰り出される妻の提案によって、私はインド行きを決意した。同時に、2017年の年越しはインドで迎えることも決まった。この時、まさかあのような年越しを迎えることとは、知る由もなかった。

2017年12月30日。私はタージマハルのある街、インドのアーグラにいた。大量のインド人の波に飲まれながらじっくりと見学した後、現地のレストランで食事を取り、そこからは寝台列車でバラナシに向かう予定であった。出発予定時刻は20時30分。8時間後の31日朝4時半にはバラナシに到着する。20時30分。予想通り、電車は来ていない。待てど暮らせど、電車はやってこない。それらしい電車はたまに来るものの、現地ガイドさんは、「この電車ではない」と言う。待つこと、なんと17時間。既に朝どころか昼も過ぎており、仕事に出かける人、物乞いの人、ひたすらバク転を繰り返してお金を要求する人、とにかくいろんな人が駅に入り乱れていた。

「あぁ、やっと来ました。この電車に乗ります」

17時間も遅れたのだ。それは、もう別の電車なのではないか。これは本当にバラナシに向かうのだろうか。しかし、この際そんな小さなことはもうどうでもいい。この17時間の間に冷えてカチカチに固まった体を、一刻も早く解放したかった。

寝返りを打てない狭さのベッドに、極限まで乾燥した、たわしのようなウールの毛布が置かれている。これで寝られるのかと不安になったが、意外にも快適だ。横になれるだけでありがたい。駅ごとにチャイティーを売りにくる「チャーイ！　チャーイ！」という声に小刻みに起こされながら、電車に揺られること12時間(運行も4時間遅れた)。深夜1時にようやく着いたのが、ヒンドゥー教の大聖地、バラナシである。31日の

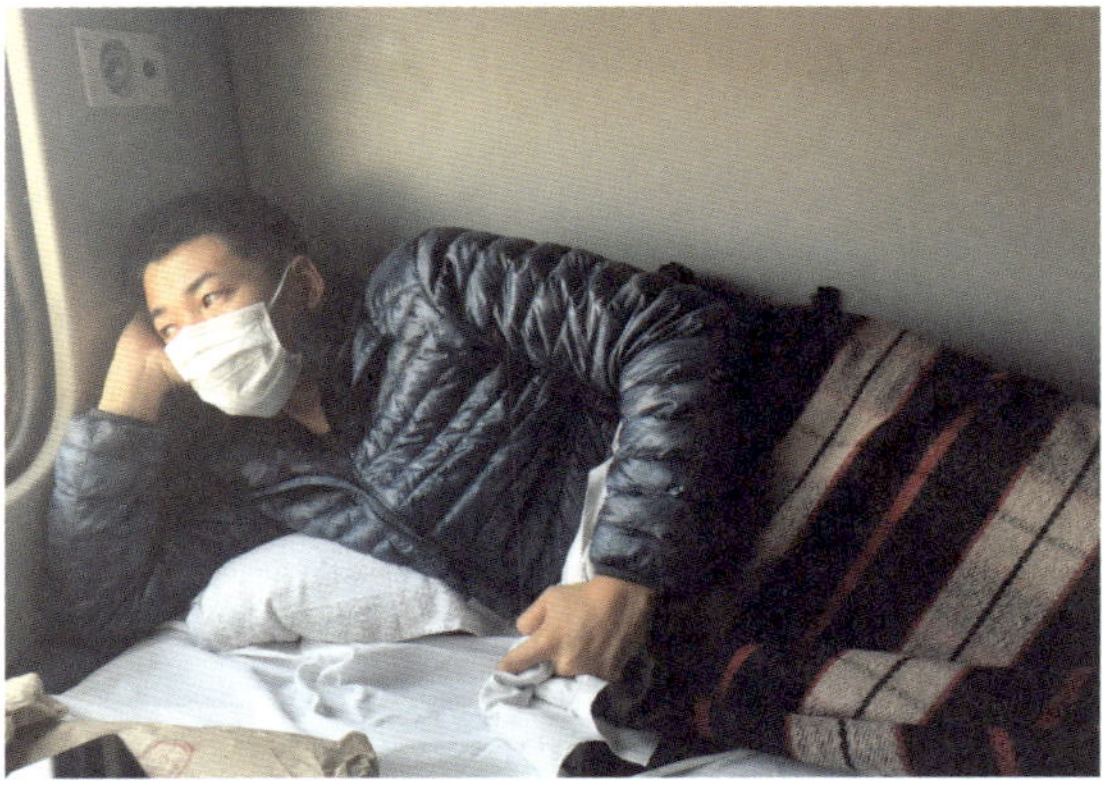

寝台列車。ここで12時間を過ごす。通路側にカーテンはあるものの、勝手に開けてチャイティーを売りつけられる。この日は2017年。マスクをつけているのはコロナの影響ではなく、純粋に空気が悪すぎるため。夜に鼻をかむと、黒いススが混ざっている。

朝4時半に着く予定が、21時間遅れて、すでに年を越していた。そう、いつの間にか1月1日になっていた。

そもそも、ここまでも信じがたい道のりだったが、ここからさらにリキシャーに乗って1時間半だという。リキシャーとは、原付バイクの後ろに座席をくっつけたもので、3〜4人が乗ることができる。寒く、深い霧の中を、フルスロットルでむき出しのリキシャーが駆け抜けていく。道も悪く、前も見えず、何が飛び出してくるかもわからず、必死で座席のバーにつかまった。着いた頃には、バーから離れないくらい手は固まっていた。あれ以上の恐怖は、今のところ体験したことがない。

ともかく、私はホテルに着いた。細く、暗い入り組んだ道を歩いた先、電気もついていない。チェックインを済ませ、部屋に入る。ベッドシーツは明らかに変色しており、触らずとも湿っていることが確認できる。壁にかかっていたタオルは、乾燥機の途中で取り出したかと思うような湿り具合で、冷たかった。タオルが濡れている、とフロントに掛け合ったところ、「そうだね。今日は曇っていたからね」とのこと。私は、今自分がインドのバラナシにいることを強く実感した。ちなみに、まだバラナシでの旅は始まっていない。ホテルに〝到着〟しただけである。そこからのバラナシ滞在では、ここまでのエピソードがかすむくらいたくさんの経験をした。それはまた、機会を見て書いていくこととしよう。

游木トオル

旅の足跡 20

不思議な初夢

インド［オーロヴィル］

マトリマンディルの外観。一度に数十人が、下のほうにある入り口から靴を脱いで入る。内部で声を出してはいけない。もちろん撮影禁止。案内に従ってスロープを上がり、白い大きな瞑想ルームに入ると、中央の巨大水晶玉を囲んで円状に座り、15分間の瞑想タイム。その後また案内に従ってスロープを下り、ドームから出るという流れ。

2019年1月1日、僕はインド南部のオーロヴィルにいた。オーロヴィルは、あるフランス人女性（通称マザー）が1968年に設立した世界最大級のエコヴィレッジ。人類が和合する理想郷を目指しており、世界中から集まった移住者が運営するユニークな国際都市だ。その内外には訪問者のためのゲストハウスがいくつもあって、毎日あちこちでさまざまなイベントが催されている。そしてここの目玉は、マトリマンディルと呼ばれる巨大な瞑想《めいそう》ドームだ。ドームの中央と最下部に大きな水晶玉が鎮座し、ドーム頂点の鏡に反射した太陽光が真上から水晶玉に差し込む仕組みになっている。時間制のツアーを予約しなければ入れないが、その分神秘的な雰囲気が保たれている。ドームの周囲にもいくつかの瞑想室があり、こちらは比較的自由に使えた。僕は瞑想初心者だったが、静謐《せいひつ》な空間に座り、思考を鎮めて内観するだけでも、穏やかで幸せな気持ちになれた。駆け足で移動することの多かった旅の中で、年末から10日間以上ここに滞在し続けたのは、マトリマンディルで過ごす時間の心地よさがあったからこそだった。

「正月」ということで言えば、日本ほどの「正月ムード」は感じなかった。とは言え、僕の心の中では、「新しい年だ。今年はどんな年になるのだろう」という独特の感慨があった。やはり、正月は特別なのだ。そのせいか、あるいは瞑想三昧の日々を送っていた影響か、ある日、朝のまどろみの中で、とても不思議な夢（白日夢？）を見た。

そこは死後の世界。僕の意識は死後の世界にあって、そこから生前の自分を眺めていた。時間は流れ去るものではなく、すべての時間が揃っていて、あらゆる時間の自分を眺めることができた。自分で選ぶのではなく、ある瞬間の自分の様子（外から見た情景もその時の気持ちも）が勝手に見えてくる。そしてそこに見える自分は、なんというか、一生懸命「生きて」いた。生きづらさに苦しんでいる時も、人間関係に悩んでいる時も、失敗して落ち込んでいる時も、人を傷つけてしまったり、傷つけられたりした時もだ。かけがえのない出会いの数々があり、たくさんの人たちに助けられていた。その営みのすべてが、なんとも愛おしくてたまらなかった。「一生懸命生きていたな〜」と思うと、なんだかジーンと来て泣けてきた。死後の世界から見ると、賢く生きる必要なんてなかったし、成功を手にするかどうかなんて関係なかった。ただ生きていることそれ自体が、キラキラと光り輝く夢のような世界に見えた（夢から現実を見ているのに）。

このエッセイを書くにあたって、同じように死後の世界から生前の自分を眺めてみようとしたけれど、あの時ほどリアルなビジョンを見ることはできなかった。でも、あの感覚を思い出すだけで、心が軽く、自由になる。

マトリマンディルの周りに広がる広場には、いくつかの屋外集会場がある。写真は、大みそかの演奏会。オーロヴィルの敷地は砂漠化した荒地だったが、緑化の努力を続けた結果、緑の大地に変貌したそうだ。

topic 11

芸術

高森 勇旗

旅の足跡 21

街の中の森

スペイン［バルセロナ］

サグラダ・ファミリアの入り口。よく見れば、動物から植物まで細かな描写を見てとることができる。

日本に生まれ、暮らしていると、宗教というものに触れる機会がほとんどない。無論、日本に宗教がないわけではない。しかし、その教えは宗教観というよりは〝道徳観〟の側面が強い。本音とたてまえ、わびさび、お天道様は見ている、といった日本人特有の道徳観は、大陸から隔離された民族文化、地理と気候条件、固有の言語の中で独自に発展し、育まれてきた。特定の宗教ではなく、先人からの〝教え〟が脈々と受け継がれ、それが〝日本人らしさ〟を形成しているとしたら、世界からミステリアスな人々として捉えられているのも不思議ではない。そんな日本人の私にとって、西洋の芸術への理解度が深まらないのは、宗教への理解度と関係しているように思う。西洋を旅し、有名な大聖堂と呼ばれる建築をいくつも見てきた。しかし、私にとってはどれも同じに見え、そこに特別な感情が湧き起こることはほどんどなかった。もちろん、凝りに凝った彫刻、豪華絢爛《けんらん》な装飾、壮大な天井画、美しい石造りの構造など、細部を見ていくと、そのすごさを体感することはできる。しかし、キリスト教への理解がそこまで深くない私にとって、「キリストの生涯を表している」「あれは天使の誕生を描いている」と言われても、どうもピンとこない。旅の中で３つも４つも巡っているうちに、飽きてしまうのが正直なところだ。

そんな中で、衝撃を受けた大聖堂がある。それが、サグラダ・ファミリアである。バルセロナに来た旅行者の97％が訪れる最大の観光名所であり、２０１９年には年間４７０万人もの人が来場した（ちなみに、読売巨人軍の年間観客動員数は約３００万人）。このサグラダ・ファミリア、巨大な建造物だがれっきとした教会で、西洋の他の教会と同じく、キリスト教にまつわるあらゆる装飾が施されている。しかし、その外観は他の教会とは明らかに違う。タケノコのように伸びる塔が寄せ集まって一つの建築物となり、完成予定では18本の塔が建つという。荘厳で、重厚感、時には圧迫感さえ感じる西洋の他の教会とは違い、どことなく可愛らしさを感じ、それぞれ表情の違う塔の並びが、独特なリズム感を与えてくる。とにかく、見た瞬間に「教会だ」と認識させられる他の教会とは違い、「これは、なんだろう?」と興味をかき立てられる外観なのだ。

　内部は、もっと圧巻である。教会特有の薄暗さはみじんもない。それどころか、四方八方から光が差し込み、しかも、それらの光はあら

1 2 3 大聖堂内部。ステンドグラスの色、太陽の位置により、内部の光を無限に変化させる。森というより、宇宙感が漂う。

ゆる色のステンドグラスを抜けてくるため、建物内部の光の交わり方は他のどこでも体験することができないほど美しい。それでいて、どう言うわけか建物の内部にいる感じがしない。それは、建物内部を支えている柱が天井に向かうにつれて枝分かれし、木々のように張り巡らされており、木漏れ日のように光が差し込んでくるよう設計されているためである。設計者のガウディは自然への信仰が強く、装飾物である植物、昆虫、動物などには詳細な描写を見てとることができ、柱の構造、木漏れ日のような光も相まって、まるで森の中にいるような印象を受ける。

「人間が作るものが神を超えてはならない。だから、サグラダ・ファミリアの高さは170mで、モンジュイックの丘より3m低くなっている」とは、ガウディが残した言葉だ。同じく自然信仰の強い日本人にとっては、どこかなじみ深さを感じる。それが、サグラダ・ファミリアだ。

元々完成までに300年かかると言われていたが、革新的な技術の進歩により、2026年には完成予定であった。しかし、コロナの影響で工期が大幅に遅れているそうで、2026年の完成はほぼ不可能とのことだ（その後、2026年の完成が確実と発表された）。建設中の大聖堂を見られるチャンスは、我々が生きている間にはもうない可能性が高い。バルセロナは食事も抜群においしく、ホテルもヨーロッパの他の都市に比べて安い。ピカソの故郷でもあるこの芸術と文化の街は、ヨーロッパに行ったならぜひ訪れたい場所だ。

游木トオル

旅の足跡 22

美の手触り

アルゼンチン［パタゴニア］

南米、アルゼンチン側パタゴニアのトレッキングコース。奥のほうにフィッツ・ロイの山頂部が見える。初心者でも歩きやすくて絶景が続く、今までで一番気持ちの良いトレッキングコースだった。

検察の仕事をしていた当時、その世界でとても大切にされていたのは「真実発見」と「純粋素朴な正義感」だった。「真実」なんて抽象的に考えると怪しいものだ。けれど、一つひとつの具体的な事案を広く深く調べ尽くした場合に限って言えば、例えば「完落ち」した被疑者の告白の中に、静寂にも似た「真実の手触り」を感じることが確かにあった。そして「純粋素朴な正義感」は検察の精神的な支柱であると同時に、善悪とその程度を見極める指針でもある。もちろん独善に陥らないよう、「健全な社会常識」に即したものでなければいけないとされる。いかにも危うそうな概念の繰り返しではあるが、抽象論でなく、一つひとつの事案を当事者の立場から具体的に見るなら、例えば、適正な有罪判決を傍聴席で見届けた被害者関係者が見せる、つきものが落ちたような納得の表情の中に、失われた公正さを取り戻した「正義の手触り」を感じることが確かにあった。

しかし、「真・善・美」になぞらえるならば、僕の人生には「美」が足りなかった。問題の発見と解決の作業を繰り返し、その効率性を追求していると、頭や心の回路もそれに最適化していく。例えば、同じ景色を見ても、美しさに感動する以前に、そこに潜む問題点に着目して思考を巡らせるように。

僕が「美」の感覚を取り戻したのは、旅に出てからだ。生まれて初めての体験ほど刺激的なものはない。善悪や常識は地域や時代によってバラバラなことを体感するたび、思い込みの縛りが解けてゆく。見たことのない絶景に次々と出会い、その美しさに心を揺さぶられる。だから、美しさを感じる感覚が、ますます目覚めていく。僕にとって大きかったのは、職という大切にしていたものを手放したからこその解放感。その中で頭を空っぽにして、ただ純粋素朴な感覚に身を委ねたことだ。そうすることで五感が息を吹き返し、木々の緑、空の雲、雨や風、太陽や月など、人以外の自然とも目に見えないコミュニケーションをとり始める。「目にするものすべてがキラキラ輝いて見える」あの状態だ。

　それを実感する印象的な体験があった。場所はアルゼンチン。ある晴れた日、一人でパタゴニアのトレッキングコースを歩いていた。周りは大きな岩が点在する荒野。突然、目の前の岩がものすごい存在感を持って迫ってきたのだ。「美しく輝いて見えた」「まるで生きているようだった」「何かを語りかけてきた」などと表現してもいいだろう。目からうろこが落ちるという言葉では物足りない。自分の心と外界との境がなくなったようなクリアな感覚。周りを見渡すと、あらゆる存在が美しい。こんなにも素晴らしい世界にいることがうれしくてたまらなかった。これが僕にとっての「美の手触り」。芸術作品に感動するのは、この「存在自体の美」みたいなものが溢れ出ているからではないかと思う。

熊野の丹倉《あかくら》神社。社殿はなく、巨岩を御神体とする磐座《いわくら》。岩の神聖な存在感を感じる隠れたパワースポット。太古から巨岩が自然崇拝の対象となっていたのもうなずける気がした。

topic 12

水

高森 勇旗

旅の足跡 23

水の洗礼

エジプト

エジプト国民食のコシャリ。お店によって味が違うそう。

「生野菜は、食べないほうがいいです。野菜を洗っている水が怪しいので」

朝食会場のバイキングで野菜サラダを取ろうとした時、ふとガイドさんの言っていた言葉を思い出した。そうは言っても、朝は野菜を食べたい。旅行先のおいしいものを食べ歩いていると、野菜サラダやフルーツを食べる機会が激減するからだ。日本にいたら到底感じることのない、ビタミンとミネラルの不足を、海外にいると感じることができる。あらゆる国でこの忠告を守ってはいたものの、エジプト訪問の最終日、私は妻と一緒に朝食バイキングの野菜サラダを食べた。エジプトと言えば、コシャリという料理が、日本人にとってのラーメン並みに人気の国民食である。この料理、「混ぜる」という意味があり、お米、パスタ、マカロニ、豆に、フライドオニオンとトマトソースをかけ、混ぜ合わせて食べるもの。味はもとより、「お好み焼き定食」くらいの炭水化物インパクト。野菜を食べたくなるのも必然である。しかもこの日は、朝食を食べた後にカイロ空港に向けて出発し、フランクフルトを経由して日本に帰る予定だった。滞在していたホテルは全世界に展開する高級ホテル。

「ここならさすがに大丈夫だろう。しかも、今日は帰るだけだし」

あらゆる条件、高級ホテルゆえの安心感、旅行最終日のミネラル不足の体が、大量の野菜を体内に取り込むことを歓迎した。

これが、見事にクリーンヒット。フランクフルトに向かう飛行機の中でみるみる衰弱し、到着する頃には完全にノックダウン。トランジットの4時間の間、エジプトで培養された何かが私の体を縦横無尽に駆け回った。あのインドでさえお腹を壊さなかった、最強免疫を持つ妻の牙城をも崩し、夫婦揃ってノックダウン。日本行きの飛行機の中で、私は冷や汗をダラダラ流しながら、「Hot green tea」を頼み続けた。間違いなく、フランクフルト—東京便の歴史の中で、熱い緑茶を最も飲んだ乗客だろう。客室乗務員さんが横を通るたびにお茶の差し替えを依頼していたため、途中からポットを持参してくるようになった。日本に着く頃には体内での争いも終焉《しゅうえん》を迎えており、私の胃腸も中東仕様に切り替わっていたことだろう。日本ほど水がきれいで、食べることに関して何の心配も、疑いを持つ必要のない国はない。この環境に慣れすぎてしまうと、海外に行くと真っ先に水の洗礼を受けることになるだろう。

　インドでは「歯磨きをする時も、ペットボトルの水を使

1 ガンジス川で水浴びをする人々。早朝は川を埋め尽くすほどの人で溢れる。2 ガンジス川で洗濯をする人たち。礼拝の場所であるとともに、重要な生活インフラである。

ってください。蛇口の水でのうがいは、基本的におすすめしません」とのこと。シャワーを浴びる時でさえ、口を開けてはならないと忠告された。そもそもシャワーを浴びていい水なのか？　と思ったものの、現地にいるとそんなことはどうでもよくなる。少なくとも、ヒンドゥー教を信仰していない私にとって、ガンジス川で体を洗うよりは、シャワーを浴びられるほうがありがたかった。

「ちなみに、ペットボトルの水も信用しないでくださいね。ミネラルウォーターを買ったら、まず口が閉まってるか確認してください」

なんと、使用済みのペットボトルに水を差し替えて販売している可能性もあるとのこと。「そ、そんなアホな！」とさすがに驚くが、ここはインド。そもそも、〝普通〟や〝常識〟という概念が存在しない。それは、よいとか悪いとか、人間が決めたちっぽけな線引きを遥かに凌駕《りょうが》した、壮大な人間の生命の営みである。

あらゆるものに気を張って、疑って、自己責任で旅行をしなければならないと思うと、海外旅行に行く気が引けてしまう。しかし、自分の価値観で世界を体験したいのならば、ＹｏｕＴｕｂｅで世界を巡るだけで十分だ。実際に現地に触れ、その土地の歴史、宗教、価値観でモノを見た時に、初めて旅行に行った意味がある。そもそも、価値観なんてあってないようなもの。海外旅行は、自らの価値観を壊したり、書き換えたりするものではなく、そもそもそんなものはないのだと、境界をなくすためのものなのだから。

游木トオル

旅の足跡 24

勇気の水

エジプト［ギザ］

エジプト、ギザのピラミッド群。市街地とは反対側に広がる砂漠から。

ギザのピラミッド周辺には、砂漠地帯が広がっていた。僕は、その砂漠を歩いてひと回りすることにした。日程に追われず、一見無意味で非効率な思いつきを実行できるのがバックパッカーのいいところ。ラクダツアーでしか行かないような大回りのルートだから、何時間かかるかわからなかった。当然、水は持っていった。が、見通しが甘かった。ペットボトル1本だけでは全然足りなかったのだ。「水、水が欲しい」と心の底から渇望した時、ラクダに乗った物売りが近づいてきた。遠くから見張っていたのかと思うくらい絶妙なタイミングで。圧倒的に不利な状況の下、通常の何倍かの値段でふたの空いたペットボトルの水を購入する以外、選択の余地はなかった。

世界中の自然環境で一番印象に残ったのは中東の砂漠だった。実際に砂漠の真ん中に身を置くことで、水こそが命の源であるのを肌で感じた。そもそも海外では荒涼とした景観を目にすることが多い。日本で暮らしていると忘れがちだが、日本ほど豊かな緑と水に恵まれた国は珍しい。昔から知っているつもりではあったが、知識があることと、経験して体感することとの間には天と地ほどの差があった。「経験こそが人生を豊かにする鍵」。それが旅の学びだった。もちろん失敗も辛い経験もある。しかし、渇きを経験するからこそ潤いの喜びがある。無意味な経験など何一つなかった。

幼い頃、僕はなぜか、「ありのままの自分でいてはいけない」と思い込んだ。標準からずれていたのか。繊細すぎたのか。本当は人目を気にせず、マイペースで生きたかった。けれどその想いとは裏腹に、自分が無害であること、存在する価値があることを証明し続けなければ、生きていてはいけないような苦しさを抱えていた。大人になって社会に適応するノウハウは身につけたけれど、内側の矛盾は解消されていなかった。しかし、旅人はいい。どこの社会にも組織にも属していない。どこへ行ってもただの旅人。一つのルールに縛られる必要がない。無理して誰かに合わせる必要もない。ただ自分でいるだけでいい。自分を殺さなくても、というより、素の自分をさらけ出しているからこそ、出会った人々に受け入れられ、深く心を通じ合わせることができた。今まで何を頑張っていたんだろう。ありのままでいられなかった苦しみが、ありのままでいられる喜びを教えてくれた。

ただそこにいるだけで許されている感覚。それは美しい水にゆったりと浸かっている時の感覚に似ている。子宮の中の記憶か。海で生まれ、進化してきた生命の記憶か。世界一周の中でも、例えばメキシコの聖なる泉「セノーテ」、アメリカのシャスタ山麓の清流、ハワイの海など、美しい水に感動することが何度もあった。しかし、結局最高だったのは、帰国直後に巡った宮古島の海や屋久島の川。未知の経験へ飛び込む勇気は、無条件で受容される感覚を礎に湧いてくる。美しい水はその感覚を呼び覚ましてくれる。

メキシコ、ユカタン半島に点在する聖なる泉「セノーテ」の一つ、「グランセノーテ。」

topic 13

この旅の初日

高森 勇旗

旅の足跡 25

“目的地”は、いらない

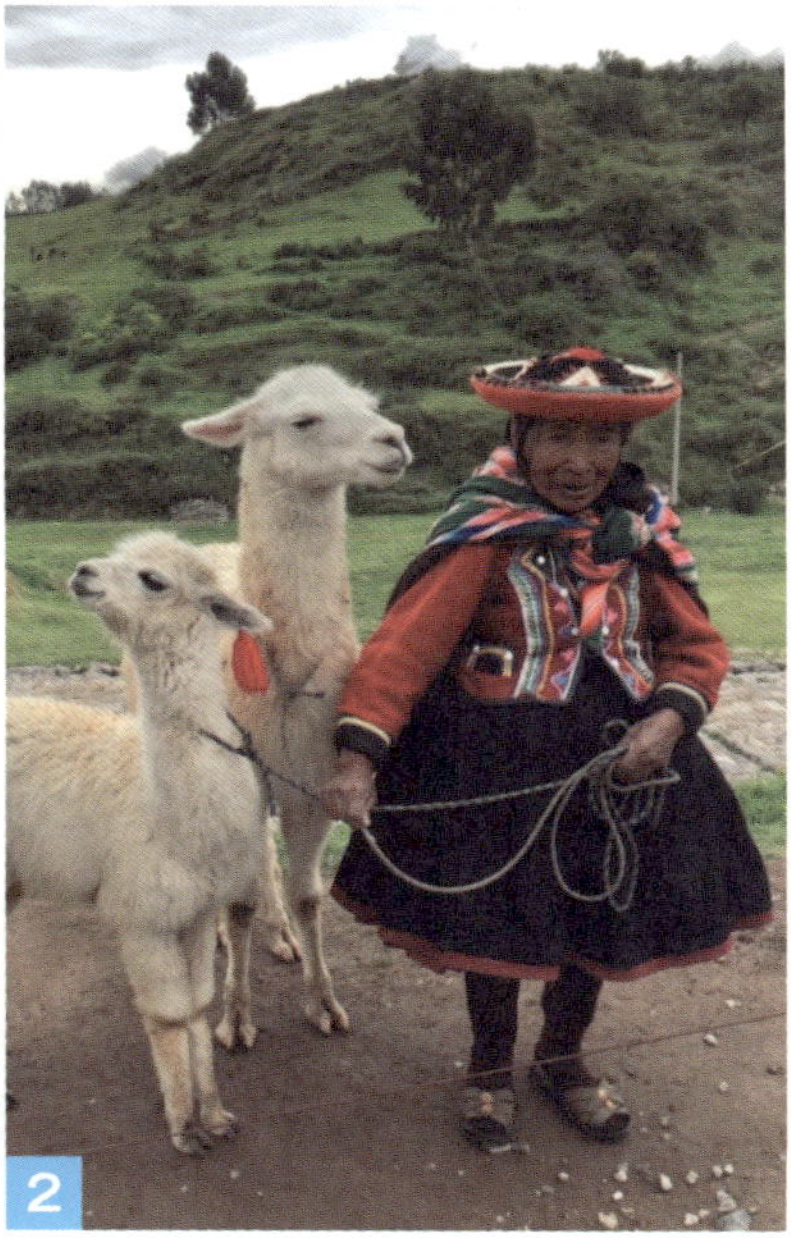

ペルー［マチュピチュ］

1 インカレイル。ずっと同じような景色が続くが、少しも同じではない。2 特徴的な日焼け、カラフルな衣装、そしてアルパカ。3 マチュピチュ。これは知っている。

旅の醍醐味は、道中にこそある。マチュピチュに向かう道で、ふと思った。

謎に包まれた空中都市マチュピチュ。あまりにも有名なその遺跡は、テレビ番組で、旅行雑誌で、あらゆるところで目に触れてきた。触れすぎるがゆえに、行ったこともなければ、どこにあるかも定かではないにも関わらず、どのような遺跡かをなぜか頭の中で思い浮かべることさえできる。実に不思議なことである。世界中にある〝目的地〟のほとんどは、行ったこともないのに、想像することができる。我々は、目的地について知りすぎなのである。しかし、道中について知っていることはほとんどない。マチュピチュに行くまでには、想像を超える長い道のりが待っている。

日本から向かう場合、アメリカを経由し、ペルーの首都であるリマに向かう。そしてリマからクスコに飛ぶ。インカ帝国の首都で、標高3400mの世界遺産都市だ。ここまでで、最速27時間。ここからオリャンタイタンボまで車で約1時間40分かけて辿り着き、インカレイルの電車に乗ってアグアスカリエンテス（マチュピチュ村）まで約1時間45分。ここで1泊し、翌朝バスに30分乗ってようやく辿り着くのが、マチュピチュ遺跡だ。日本からの最短所要時間は32時間。これが、〝目的地〟であるマチュピチュに辿り着くためにかかる時間だ。

マチュピチュは、知っている。しかし、標高3400mのクスコという街に40万人以上が暮らしていること、ゆっくり歩かないと高山病のリスクがあること、マチュピチュ村のあるアグアスカリエンテスはスペイン語で〝熱い水〟という意味で、その名の通り温泉が湧き出ることなどは、知る由もない。道中、オリャンタイタンボで食べたアルパカのステーキ、標高の高さ特有の乾いた空気、独特に日焼けした人々の肌質、原色が散りばめられた現地の人の衣装、〝知っている〟マチュピチュに辿り着くまでの道中は、〝知らない〟ことの連続だった。インカレイルの車窓から外を見る。標高が下がるにつれて、高山植物からジャングルに変わっていく自然の形態。ずっと同じような景色なのに、少しも同じところがない。もうすぐ、目的地に辿り着いてしまう。そこは、〝知っている〟マチュピチュだ。この〝知らない〟道中が永遠に続けばいいのに、と思った。この〝知らない〟道中のおかげで、旅とは何かを見出しているのに。

　辿り着いたマチュピチュは、想像以上に素晴らしかった。しかし、想像もつかなかった、想像することさえしなかった道中は、もっと素晴らしかった。南米の、ペルーという国の国内線に乗り継ぎ、車、電車、バスを乗り継いで、〝あの〟マチュピチュに辿り着いた感動こそ、道中における旅の

1 道中、標高4,000m近くを通過する。2 アルパカのステーキ。抜群においしいが、以降アルパカと目を合わせづらくなる（街にアルパカが結構いる）。

醍醐味なのだ。

「こんなにも遠くへ、来ることができた」

マチュピチュは、遺跡自体の感動と共に、この道中を体験したことによる私自身の自己効力感を一気に育んだ。そしてそれは、世界の旅との距離を一気に縮めるキッカケとなった。目的地に辿り着くことだけではなく、そこに至る道中そのものを楽しめたなら、旅はライフスタイルとなる。旅に興味はあるが、まだ旅慣れていない人において、もしこれから旅に出るなら、自分にとって一番遠いところから行こう。そして、道中における〝知らない〟ことの一つひとつに驚こう。そうすれば、〝目的地〟すら必要なくなる。なぜなら、旅に出ること自体が目的なのだから。

游木トオル

旅の足跡 26

自由への一歩

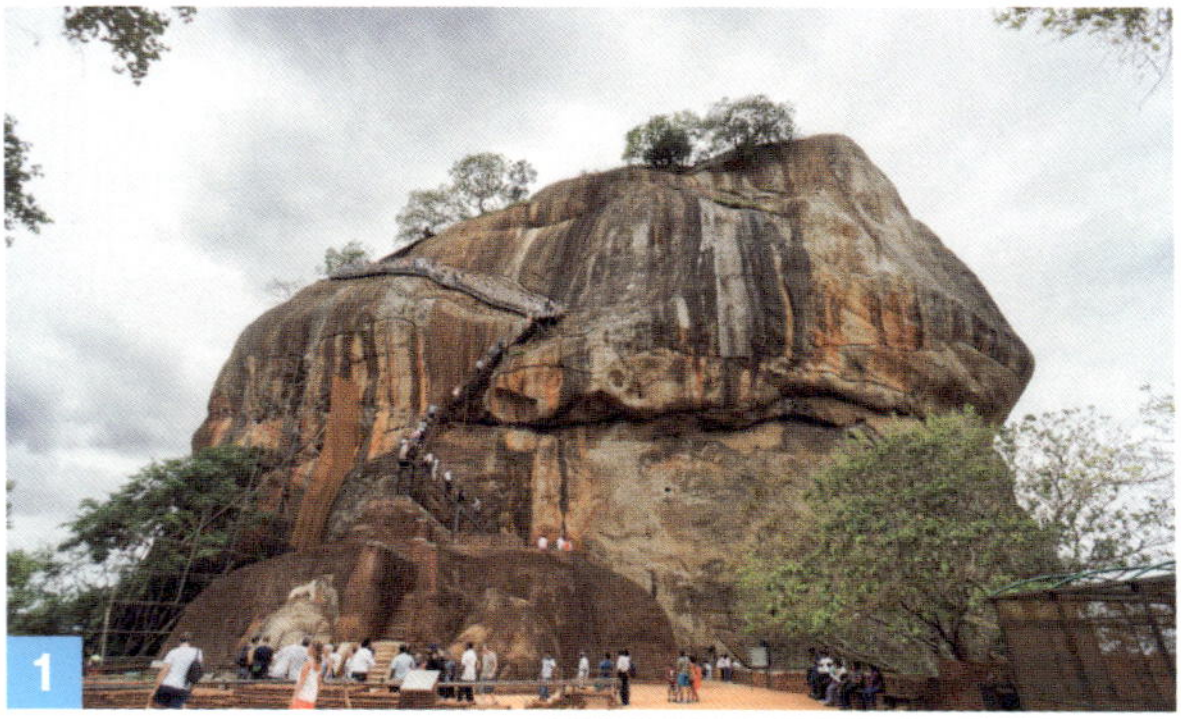

スリランカ［シーギリヤ］

1 世界遺産にも登録されているスリランカの都市遺跡「シーギリヤ」の登り口。獅子の前足を模した入り口がある。2 シーギリヤの頂上部。王位を強奪した王が、復讐への恐怖から築いたが、結局一代で滅ぼされた王宮。

50歳になるまでバックパッカー経験ゼロ。ただその自由なイメージに憧れていた。一度の人生、死ぬ時に後悔しないよう、好きなことだけをして生きよう。そう思って仕事を辞め、思い切って世界一周の旅に出ることにした。だから、イメージどおりの自由な旅をしたかった。間違っても、お任せのツアーに頼って観光地を巡る「旅行」をするつもりはなかった。

しかし、未知の環境というのは不安なもの。旅の初日、極度の不安と緊張の中、スリランカのとある宿に着いた。宿の主人はフレンドリーなおじさん。彼から今後の予定を聞かれ、「特に決めてない。ローカルバスで行き当たりばったり」みたいなことを答えた。すると彼の態度が豹変《ひょうへん》。「それは危ない。泥棒に遭うよ。ローカルバスは汚い。旅行者が乗るようなものじゃない」。真剣に深刻な様子で畳み掛ける。僕が呆気《あっけ》に取られていると、「うちでツアーを組んであげる。うちのドライバーがいい場所を案内するよ。彼は英語を話せる。きれいな乗用車で行ける。これなら安心だ」などと力説。ウブだった僕は、その圧に飲まれた。違和感にフタをして、「地元の人の忠告には素直に耳を傾けたほうがいい」と自分を納得させた。

ということで、僕は翌日から、ガイド兼ドライバーの運転する車に乗り、6日間の有名観光地巡りツアーに出た。おかげで数多くの見どころを効率よく回ることができ、これはこれでよかった。けれども、それは僕がしたい旅ではなかった。この間、ことあるごとに違和感に襲われ、初日の選択を悔やみ、その原因を考えた。結局、ただでさえ不安な状況で、自分より知識のありそうな人から問題を指摘され、不安をあおられて弱気になったところで、一見助け舟のような解決策を勧められ、そこに避難するかのように誘導されたのだ。振り込め詐欺なども共通する、恐怖を利用した分かりやすいマインドコントロールの手法。簡単にハマッた自分が情けなかった。

しかし、旅の初日にこの経験をしたおかげで、その後、同じような手口に気づきやすくなった。そして、頻繁に気づくようになって分かったのだが、世の中、この種のマインドコントロールに溢れている。身近な人間関係から政治・経済・社会の在り方まで。本当の自由とは、と言うと大げさだが、少なくともその一つの要素は、コントロールに気づき、その圧力から離れて物事を判断できる心の状態ではないかと思う。それを「自分軸」と言ってもいい。とは言え、コントロールで成り立つ世界にどっぷり浸かったままでは気づくことさえままならない。その点、浮世を離れた放浪の旅は、「お前は無力だ」というマインドコントロールの核に気づき、「これでいいのだ」と自分を無条件で信頼するための格好の練習場だった。その信頼から、心を支配されずに生きる自由が生まれる。旅の初日の苦い経験は、そんな自由への第一歩でもあった。

ピンナワラの象の水浴び。近くにある象の孤児院から定期的に連れて来られる。この日でツアーから解放。その後スリランカのローカルバスも楽しんだ。

topic 14

コミュニケーション

高森 勇旗

旅の足跡 27

私はyouのことを“C”と呼ぶ

カンボジア［プノンペン］

プノンペンとメコン川。ここから見ると大都市に見えなくもない。

「パスポートが、ない」

そう気がついたのは、出発を1時間半後に控えたプノンペン国際空港（カンボジア）である（ホテルのチェックアウト時に、パスポートを出している。その後ポケットにしまったから、間違いなく、送迎車の車の中にある）。

私は真っ先にホテルに電話した。これが、現地のタクシーではなく、ホテルの送迎車だったことは不幸中の幸いだ。現地のタクシーだった場合、運よくタクシー会社と電話が繋がっても、その先はクメール語で話さなければならなかっただろう。

「私は、先ほどあなた方のホテルをチェックアウトした後に、専用の送迎車で空港まで送り届けてもらったYUKI TAKAMORIです。私は、パスポートを車の中に忘れました。ドライバーに連絡して、空港まで届けてもらえるように伝えてほしい」

根性英語だ。文法などはどうでもいい。伝わればいいのだ。ただ、これを〝電話で〟となると難易度はグッと上がる。ボディランゲージはなんの意味も持たない。相手も相手で、英語は母国語ではない。私の根性英語を理解してくれているのかは微妙なところである。

「ドライバーが私のパスポートを発見したら、空港に持ってきてほしい。その際、どのくらいの時間がかかるかが知りたい。私のフライトは、あと1時間半で出発する。なので、一旦ドライバーに確認してほしい」

「分かった」と言って電話を切りかけた時、嫌な予感がした。仮にドライバーに繋がったとしても、彼女（電話口の向こうの女性）は、再び私に連絡をする手段を知らない。そして、私の携帯電話に電話をかける際、「＋81をつけてからかけてね」という高度な依頼を英語でする自信も余裕も時間もない（海外にいる時でも、日本から持ってきた携帯電話に電話をかける時は、＋81の後に電話番号を打ち、そこにかけなければ繋がらない）。

「ＯＫ、今から10分後に、再びホテルに電話をかける。その時、ドライバーとの状況を教えてほしい。ところで、あなた以外の人が電話に出た時、なんと言ってあなたを呼んでもらったらいい？お名前は何？」。電話口の向こうで彼女が名前を言った時、大問題が起きた。クメール語の彼女の名前が、一文字も聞き取れないのだ。大袈裟な話ではなく、〝一文字も〟聞き取れない。難しいなんてもんじゃない。仮にカタカナで書いて、それを日本人が発音したとしても、聞き取れないレベルだ。これにはさすがに焦りに焦った。7回聞き直した後に、ついに諦めて別の作戦を用意した。

「Sorry。you の名前は、何度聞いても申し訳ないが聞き取ることができない。なので、私はyou

東南アジアによくあるマーケット。プノンペンもなかなかのカオスぶり。

のことを、〝C〟と呼ぶ。だから、私がホテルに電話をかけて、〝C〟に代わってくれ、と言ったら、youのことだ。その時は、youが電話に出てほしい」

「分かった」と言って、電話は切れた。ここだけ聞いたら、スパイ同士の会話だ。カンボジア当局に狙われてもおかしくない。10分後、ホテルに電話をかける。この声は、彼女の声だ！

「Are you〝C〟?（君は〝C〟か）」

「Yes, I'm〝C〟.（そうだ、〝C〟だ）」

完全にスパイの会話だ。〝C〟は高いテンションで話を続けた。

「ドライバーに繋がった。言っていた通り、助手席の横にあった。今、空港に届けている」

会話の内容は依然スパイそのものだが、我々は問題がほとんど解決されたことを悟った。不安定な英語をお互いがなんとか理解しようと努め（しかも電話で）、スパイのような会話になってしまったが、目的を達成した喜びと絆のようなものが電話を通して生まれる。そこへ、私のパスポートを高々と振りかざしながら走ってくる男がいた。ドライバーである。そこからは、世界のすべてがスローモーションになり、その中で私とドライバーは熱い抱擁を交わした。

「Good job!! Good job!!」

相手に言いたいことが伝わる。そして、共通の目的が達成される。それが、こんなにもうれしいことなのだと知った。不意に、人間のコミュニケーションの本質に触れた体験だった。

游木トオル

旅の足跡 28

幸せのチャンス

ペルー［マチュピチュへの道］

ペルーのマチュピチュ遺跡へ向かう山道。
3泊4日のテント泊ツアーだった。

乏しい語学力のまま世界一周の旅に出た。しかも旅慣れない初心者バックパッカー。乗り物一つ乗るのにも苦労した。話しかけようにも言葉が出てこない。けれど行動しないと旅ができない。周りとコミュニケーションを取って教えてもらうしかなかった。「困った。助けて」という素直な気持ちは、とりあえずダイレクトに伝わった。困っている人がいれば助けたいという人情は世界共通。相手もなんとかしようと努力してくれる。そのたびに「助けてほしい」「助けてあげたい」という気持ちが通じ合った。困った時だけではない。一人旅にはたくさんの出会いがあり、「仲良くなりたい」というシンプルな気持ちが湧き上がる。その気持ちに素直になって話しかければ、仲良くなりたい気持ち同士が通じ合った。気持ちさえ通じ合ってしまえば、必要な意思疎通はなんとかなる。表情、声、身振り手振りの威力も大きい。大切なのは言葉よりコミュニケーションを取ろうとする気持ちだった。意思疎通ができたなら、助けてもらった感謝と人助けできた嬉しさ、心を開いて理解し合えた喜びが通じ合う。そんな時は、しっかりアイコンタクトを取り、無邪気に笑い合い、時にはがっちり握手を交わし、心を込めてハグをする。時間に縛られない旅人は、もどかしい意思疎通のプロセスを楽しみ、理解し合える喜びを味わえる。「コミュニケーションが取れるのって、めちゃくちゃ幸せだ」という原点を、僕は深いところで、少しずつ体感していった。

そして、日本人も外国人も関係なく、言語に頼らない、それゆえストレートなコミュニケーションを重ねるにつれ、「本当の気持ちって、伝わるんだ」という確信が生まれた。それは人に対する信頼感を高め、気持ちを楽にしてくれた。ふとした日常、例えばお店で何かを注文する時、乗り物で隣同士になった時など、気軽にコミュニケーションを取ることが増え、その都度幸せな気持ちになれた。もちろんうまくいかない時もある。けれど「本当の気持ちは伝わる」という確信に軸足を置けたなら、うまくいかないケースが例外になるから気にならない。ひるがえって、日本でのことを省《かえり》みると、言葉で何不自由なく意思疎通できるのに慣れ過ぎて、そこにある幸せを忘れていた。

今だって、それ自体が喜びと感じられるような本物のコミュニケーションをどれだけ取っているだろうか。どんなに上手に話せても、それが本当の気持ちとずれていたら、大切なことほど伝わらない。それどころか、「本心じゃないことを言っている」という真実が伝わって違和感を生む。日々、言葉だけの表面的なやり取りに埋もれ、かたい握手も熱いハグもなく、日常に散りばめられた幸せのチャンスを逃している。

そう感じた時、異国への旅に出たくなるのかもしれない。心の内側にあるものと外側に表現するものを全力で合致させるしかないあの状況で感じた、リアルなコミュニケーションの実感を求めて。

メキシコ、テオティワカン遺跡、月のピラミッドから。自然ないし神とのコミュニケーションに想いをはせる。

topic 15

花

高森 勇旗

旅の足跡 29

バラナシの花売り

インド［バラナシ］

川側から見たプージャ。手前の暗くなっているところはすべて川で、光っているのはすべて船。

ヒンドゥー教の大聖地であるインド・バラナシに行くと、とにかくいろんなことを異次元で体験することができる。その一つが宗教であり、この街では毎日日没後に「プージャ」と呼ばれる伝統的な神への礼拝の儀式が行われる。この儀式を行うことにより、宇宙を支配する力と調和を保ち、人生の苦痛を取り除き、霊性の向上が可能になると信じられている。

毎日、である。日が沈むころに、バラナシ中の人がガンジス川の沐浴場に集まる。その数、数千人。人々の視線の先の祭壇で、インドのカースト制で最高位であるバラモン（僧侶）が儀式を執り行う。儀式と言っても、バラモンがマイクを持ってお経を唱え、大音量で音楽が流れ、動きまくる。集まった信者たちも、それに合わせて踊りまくる。とにかく歌いまくって踊りまくるインド映画は、誇張した演出ではなく、ありふれた日常なのだと思い知ることとなるだろう。

数千人が大音量の中で踊りまくる。それはもう、お祭りである（しかも毎日）。そんな光景を見ようと、観光客も大勢集まる。ガンジス川に船を出し、川側から見学しているのはほとんどが観光客だ。その数も相当多く、川面《かわも》が見えなくなるほど船で覆い尽くされる。

それだけの人が集まれば、絶好のビジネスチャンスだ。この街では実にいろいろなものを売り込まれるが、船の上で売られるのは「花」。お皿のような容器に花と小さいロウソクが置いてあり、それを川へ流すという、さながら灯籠流しのような体験を勧めてくる。売りにくるのはほとんどが10歳くらいの子どもたちだ（この日は女の子だった）。

彼女たちは、実に器用に船から船へと飛び移り、見物客に花を売り込んでいく。私は通常こういった物売りに遭遇した時、無視することに決めている。以前、かわいそうだと思って親切に対応し、嫌な思いをしたことがあるからだ。しかし、ここは船の上。街で出会ったなら歩き続けることで振り切れるが、船の上では圧倒的に向こうに主導権がある。透き通った目で花を売るけなげさに負け、買うことにした。

買ったお花をガンジス川に浮かべる。松明《たいまつ》の炎がゆらめく川面を、滑るようにして下流へと流れていく。ひしめくように浮かぶ船の間をすり抜け、お花は見えなくなった。上流から、別のお花が流れてくる。同じように波に揺られ、また船の間に消えていく。気がつけば、そこら中にお花が流れている。これらがすべて、彼女たち花売りの稼ぎになっているのだと考えると、幻想的な世界はとたんに現実の世界へと切り替わる。

下流に流れていったお花は、花売りたちの元締めをしている大人が回収し、明日の晩、また花売りたちの手によって売り物となる。船の上からガンジス川に花を浮かべたと

祭壇で火を持っているのがバラモン。毎晩数千人の人が集まる。

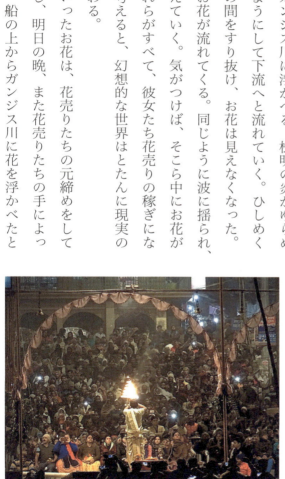

ころで、何かが起こるわけではない。そんなことは、分かっている。しかし、少なくとも花売りの彼女たちにとっては、この花が生命線であることは間違いない。彼女たちが実際にヒンドゥー教を信じているかどうかは分からない。しかし、彼女たちにとって花を売ることは生きることにそのまま直結する。信じようと信じまいと、ヒンドゥー教が、プージャという祭りが、人をガンジス川に呼び寄せ、花を売る機会を創り出している。形はどうあれ、実質的に多くの機会を創出し、人々を救っているとしたら、これぞ宗教のあるべき姿なのかもしれない。

「この世は苦行である」という考え方がヒンドゥー教のベースにある、と聞いたことがある。厳しい身分制度のもと、低い身分で生まれた人にとっては、なぜ自分は生まれてきたのか、なぜ生きることはこんなにも辛いのか、という問いと直面するのかもしれない。または、そんなことを考える間もなく、今日を生きることに精一杯なのかもしれない。いや、こうして恵まれた日本という国から彼らを見ているだけでは、到底考えも及ばない感覚の中に生きているのかもしれない。何はともあれ、今日も人々はガンジス川に集まり、花売りは花を売る。私にできることは、ただ花を買うことだけである。

旅の足跡 30

ラパ・ヌイ。楽園の花

游木トオル

チリ［イースター島］

石を切り出してモアイ像を造っていた噴火口「ラノ・ララク」の遠景。

イースター島（現地語でラパ・ヌイ）での9日間は夢のようだった。冷たい冬のヨーロッパから逃れてやってきた、サンダルと海パンと半袖シャツだけの楽園。夕方以降はタハイ儀式村までそぞろ歩き、広い芝生に座って、モアイ像越しに海に沈む太陽と空いっぱいの夕焼けを浴びる毎日。宿はWi-Fiの容量が小さく、一人でインターネットを見る時間も少ない。かわりに宿の人たちと話す時間はたっぷりあった。人気スポットとは言え絶海の孤島。ここに来る旅人たちは、それぞれユニークなストーリーを持ち、一度の人生を後悔なく生き切ろうとする覚悟みたいなものがあった。深くも浅くも話は尽きず、豊かな時間が流れた。ラノ・ララクをはじめとする島の見どころは、宿のみんなとレンタカーで巡った。割り勘で借りるから負担も軽く、何より楽しかった。

ある晴れた日、真っ青な海を見下ろすオロンゴ儀式村の遺跡を歩いていたら、眩《まぶ》しいほどキラキラしたカップルに出会った。聞くと、彼女さん、さっきプロポーズされたばかりだと言って、南国（南半球では北国か）の花のように美しい笑顔で大きな指輪を見せてくれた。彼氏に聞くと、ここでプロポーズをするためにこの島へ来たのだという。僕は彼のすべての選択に大きな拍手を送った。

島時間はゆっくり流れ、不慣れな旅の緊張を溶かしてくれる。思えば旅に出て半年近く、これほどリラックスしたことはなかった。「時間は有意義に使うべき」という刷り込みから解放され、ボケッと過ごすことへの罪悪感が消える。のんびり滞在していると、どこへ行くか、何をするか、しないか、自由な選択の連続だ。疲れていたのでみんなとハイキングへ行かず、宿でアニメを観ていたら、外は大雨になった。タイミングが合わなかったのでレンタカーを借りず、近くの海辺へ歩いていったら、スーパームーンの皆既月食を堪能できた。月を見てあれほど感動したのは初めてのこと。もしもレンタカーを借りていたら、アフ・トンガリキのモアイ像越しに昇る朝陽を見にいったはずで、そうしたら、あんなにしみじみと月食を味わうことはできなかっただろう。考えてみれば、僕たちはいつも何かを逃し続け、同時に何かと出会い続けている。しかもその因果の流れに終わりはなく、死ぬまで「塞翁が馬」の繰り返し。「なんでも思った通りになるのがいい人生というわけではない」。そんな想いを、島での日々がじっくり醸成してくれた。

今あらためて世界一周の膨大な写真を見返してみると、それまで皆無に等しかった花の写真が、イースター島から急に増えていた。中東の砂漠地帯や冬のヨーロッパに比べて花がたくさん咲いていたことは確かだが、それだけが理由ではないだろう。この島以降、明らかに変化しているのだ。写真は目線を映し、目線は心のありようを映す。あの楽園のおかげで、心の中に、身近な花の美しさを愛でる気持ちが芽生えたに違いない。あの時僕は、また一つ豊かさを受け取っていたんだ。

部族長を決める鳥人儀式が行われていた聖地「オロンゴ儀式村」からの風景。

topic 16

病気・ケガ

高森 勇旗

旅の足跡 31

熱中症in台湾

台湾［淡水］

淡水の夕陽。たかが夕陽とあなどることなかれ。どういうわけか、かなり感動する。

8月の太陽は、ほぼ真上から台北《タイペイ》市内を焦がすように照りつけている。ホテルの中でただ時間だけを垂れ流していた私は、ランニングにでも行こうかと、Googleマップを検索する。景色を見つつ、長めに、ゆっくり走れるコースを探していると、台湾のほぼ北端に淡水《ダンシュイ》という街があった。この街は夕陽が有名らしく、観光スポットとなっているようだ。そこまで電車で行き、夕陽を見た後に帰りは走って帰ってくると、その距離は約25㎞。私の検索条件にすべてマッチしたため、夕陽を目掛けて淡水に行くことにした。

私の泊まっていた大安《ダーアン》という駅から淡水までは、乗り換えなしで約50分。陽が落ちる少し前に到着し、辺りを散策する。帰りは走って帰るため、その装いは非常に軽く、散策もはかどる。流石に観光地化されているだけあり、あたりは多くのお店でにぎわっていた。夕陽に合わせて海岸沿いが混み始める。思い思いのポーズで写真撮影が始まり、いよいよ陽が沈むその瞬間、あちこちから歓声が上がる。それは同時に、私にとってのスタートの合図でもあった。目的地は大安。ひたすら南東に25㎞だ。

ゆっくりとスタート。先は長い。焦る必要はない。しかし、やけに調子が良い。異国の地だからか、人混みをかき分けて走る自分に酔いしれていたのか、ペースが早すぎる。最初の5㎞で25分を切ってしまった（通常なら30分はかかる）。気がつけば、汗の出方が尋常ではない。そう、ここは真夏の台湾。気温も湿度も真夏の東南アジアなのだ。8㎞地点では、一歩踏み出すたびに靴からジャブジャブと音がするほど、汗が流れ出ていた。曲がりなりにも、私は元プロアスリートである。熱中症になどかかったことはない。それもそのはず。野球というスポーツは、試合の半分はベンチの中で座っている！　水分不足になる心配はピッチャー以外ほぼない。しかし、ここは真夏の台湾。私の体中の水分はもうほとんど残っていなかった。

熱中症というのは、自覚症状が現れるころには手遅れと言われている。「喉が渇いた」と認識する前にこまめに水分を補給することが非常に重要である。とは言っても、10㎞地点にいる私は、もうほとんど足に力が入らない状態になっていた。とにかく、コンビニを探さなければ。都市部に行けばこんなに必要なのか!?　と思うほどのファミリーマートで溢れているが、ここは台湾の北端。幹線道路を行き交うトラックの風にあおられながら、絶望と共に歩を前に進めるしかなかった。

そこへ、個人商店と思わしきお店が現れた。ちょうど、昔懐かしい駄菓子屋の雰囲気である。

別日に訪れた士林の夜市。同じくらいのにぎわいが地下街にも広がっている。汗だくの男が来るべき場所ではない。

なんと、ポカリスエットを売っているではないか！　まさしくオアシスである。私は迷わず2ℓを2本購入。汗でビチャビチャに濡れている紙幣を出すと、お釣りがジャラジャラと溢れてしまった。走る上で小銭ほど厄介なものはないが、ここではそんなことを気にしてはいられない。その場で2ℓを飲み干した。幹線道路脇の、駄菓子屋風の個人商店で、汗だくの男がポカリスエットに貪りついている。店主は怪訝《けげん》そうな顔で見ていたが、私にはコミュニケーションを取っている余裕もなかった。

一応回復した私は、完全に陽が沈み、夜となった台北をトボトボと歩く。水分を大量に補給したため、歩いていても汗が溢れる。念のため買い足したもう1本の2ℓボトルを両手に持ち、ジャラジャラと小銭を鳴らしながら歩く。そうこうしていると、ひときわ明るく、にぎやかな街に出た。士林《シーリン》である。ここは、台北随一の巨大な夜市が広がる街で、毎晩お祭り騒ぎのように人が集まる。しかし、私には夜市を巡る体力は残されていない。士林から大安までは、行きに乗った電車と同じ路線。つまり、乗り換えなしで帰ることができる。幸い、小銭だけは山ほどある。チケットを買い、階段を登る。駅からは、夜市に向かう大量の人が降りてくる。流れに逆行しながら、東南アジアでランニングをすることを甘く考えていた自分を深く反省した。富士山に軽装で登る外国人に、少しだけ共感した旅であった。

游木トオル

旅の足跡 32

野良犬と杖

スリランカ

ぐったり寝そべるスリランカの野良犬たち。
これが野良犬のイメージになっていた。

今の日本ではめったに出会わないが、世界一周の旅でよく目にしたのが野良犬。最初はドキッとした。しかし熱帯の暑さのせいか、みんなぐったり寝そべっていて、まったく危険を感じなかった。だからすぐに気にならなくなった。ところが、終盤に訪れたネパールで状況が一変した。

ある日の夕方、ヒマラヤの山奥を一人で歩いていると、突然1匹の黒い大きな野良犬が現れた。そいつはうなり声をあげ、激しく吠え始めた。野良犬にこれほど吠えられるのは初めて。瞬間的に「狂犬病」が頭に浮かんだ。この辺りでは珍しくないらしい。発病したら致死率100%。誰もいない山道。武器になるような棒などは持っていない。考える間もなく、野良犬が遠吠えを始めた。僕にはそれが、仲間たちを呼んでいる声にしか聞こえなかった。1匹ならまだしも、群れで襲われたら……。そのおぞましい情景が脳裏をよぎった瞬間、僕は死の恐怖に襲われ、パニックに陥った。そしてなんと、走って逃げた。後から考えれば最悪の選択。当然、野良犬は追いかけてくる。それが犬の習性だ。急坂を駆け降りたものだから、ほどなく足がもつれ、勢いよくダイブした。岩が目の前に迫り、時間が止まる。ガツンという重い衝撃とともに頭の中で火花が散った。痛みより「終わった」という

ネパールのアンナプルナ・サーキットにあるムクティナート近くの山道。ケガをする前日。

感覚。すぐには立てなかったが、幸い意識は失わなかった。そしてなぜか、冷静さを取り戻した。体の隅々をスキャンするようにチェック。頭からは血が流れているものの、骨折はなく、体は動く。野良犬は吠え続けている。とっさに近くのがれきを持ち、「あっち行け」と言いながら投げつけるふりをしたら、どこかへ去っていった。この程度でいなくなるなら最初からこうすればよかった。僕は歩いて最寄りの集落へ戻った。幸い隣村にへき地医療の医師がいた。バイクで駆けつけてもらい、懐中電灯で照らされながら麻酔なしで縫合。その後も治療を続け、無事、旅を続けることができた。少年野球時代以来の丸坊主にしたせいか、あるいは頭を打った影響か、その後、浮わついていた自分の心持ちに変化があった。死の恐怖体験が生に落ち着きを与えてくれたのかもしれない。

その後乗った飛行機で、映画『アバター』を観た。主人公ジェイクのアバターが惑星パンドラで狼のような生き物の群れに襲われ、杖で戦いながら逃げるシーンを観て思った。「歩きの旅に杖は不可欠だ」。そう言えば、物語に出てくる昔の旅人は、たいてい長い杖を持っている。野良犬や狂犬病を心配する必要のない日本の都会暮らしは快適。でもそれは、自然のおそろしさや豊かさから切り離された、どこか物足りない生活。社会的なストレスに溢れ、防衛本能は自己保身に姿を変える。その点、旅暮らしは危険と隣り合わせで、独特のストレスもある。けれど、そこにはリアルな冒険ならではの充実感があって、野生の中で生き延びてきた人類のたくましさを、少しずつ呼び覚ましてくれる気がする。

topic 17

雨

高森 勇旗

旅の足跡 33

雨の野球教室

フィリピン［スモーキーマウンテン］

雨でぬかるむグラウンド。子どもたちはこの中を駆け回る。

「スモーキーマウンテンって、知ってます？　フィリピンにある東南アジア最大のスラムなんですが、そこに暮らす子どもたちに野球を教えにいきません？」

そう連絡をくれたのは、読売ジャイアンツ出身で、東南アジアで野球の普及活動をしている柴田鐘吾という男だ。曰く、何年も続いているイベントで、なんと270人もの野球少年・少女が集まるとのことだ。私はフィリピンには行ったことがなかったが、考えるよりも先にマニラ行きのチケットを購入していた。

スモーキーマウンテンとは、マニラ北方に位置するスラム街のことで、名称の由来は、自然発火したゴミの山からくすぶる煙が昇る様から名づけられた。マニラ首都圏で出る大量のゴミが運び込まれ、その中から廃品回収を行ってわずかな日銭を稼ぐ貧民たちはスカベンジャーと呼ばれ、30年前の最盛期には2万人以上がここで暮らしていた。野球はおろか、教育を受けることすら普通ではない。そんな場所に、野球をやっている子どもたちなど本当にいるのだろうか。

野球というスポーツは、他のスポーツに比べて制約が多い。まずは人数だ。両チーム合わせて18人（プラス審判）が揃わないと、試合ができない。そして、グローブ、バット、ヘルメット、ボール、スパイク、ユニフォーム、キャッチャー防具など、購入すれば高価なものをひと通り揃える必要がある。ボールをゴールまで運んだら点数が入る他の球技と比べ、複雑すぎるルールも普及しづらい要因の一つだ。野球がマイナースポーツである国の、しかもスラム街で野球をやるということ自体、奇跡のような出来事なのである。しかし、幸いなことに物資の支援によって道具の問題はクリアしているそうで、この日集まった子どもたちは、全員お揃いのユニフォームに身を包み、グローブも持っていた。中には、サングラスをしている子どもまでいた。

野球教室が始まる。一旦ボールを追いかけてしまえば、どこの国だろうが、どこの街で育っていようが、そんなことは一切関係なくなる。あるのは、ボールと、自分だけだ。転がってくるボールを捕って投げる。その単純な一連の動きの中で、子どもたちは命を輝かせる。「あぁ、やっぱりスポーツって のは、すごいなぁ」と、思わざるをえない。〝スポーツは国境を越える〟と言われるが、越えるのは国境だけではない。いや、越えるのではない。スポーツがすべてを受け入れるのだ。ボールが一旦転がれば、すべてが始まる。そこに、一切の説明は不要なのだ。

1 教える筆者と、真剣に聞く子どもたち。1 スラム街で暮らす子どもたち。悲壮感はみじんもなく、住人たちは喜んで迎え入れてくれた。

そんな中、突然雨が降り出したと思ったら、一気に土砂降りになった。ここは雨季のマニラ。スコールとまではいかないが、かなりの雨だ。大人たちは一斉にベンチに向かって走っていくが、子どもたちはまったくやめようとしない。ビシャビシャに濡れながら、「I wanna play!!（やりたい！）」と必死に叫ぶ。上手くなりたいとか、教えてほしいとか、そういう願いではない。ただ、もっとボールを追いかけたい、もっと遊びたいという純粋無垢な欲求だ。これだ。これこそ、スポーツの原点だ。大雨の中、何かとても大切なものを思い出したような気がした。

想像を絶する貧富の差が今も拡大するフィリピンで、貧困層からビジネスで成功する夢物語は、ほぼ100%ないそうだ。しかし、スポーツだけは違う。フィリピンの英雄、マニー・パッキャオは、極貧の幼少時代を経て、ラスベガスで1試合300億円（推定）の報酬を得るボクサーとなった。いつの日か、フィリピン出身の野球選手が日本、アメリカで大成功を収め、フィリピンに〝ベースボール・ドリーム〟が生まれるかもしれない。それはまだ先の話だが、何にせよ、子どもたちのこの笑顔が原点なのは、言うまでもない。

游木トオル

旅の足跡 34

天気は悪くない

チリ ［パタゴニア］

パイネ国立公園内のトレッキングルートからの風景。

南米のチリ、パイネ国立公園でテント泊をしながらトレッキングをした。パタゴニアは風がとても強い。僕は、建物を風よけにしてテントを張ればいいんじゃないかと思い、キャンプ場にあった食堂棟の軒下にテントを張って、グレイ氷河までのトレッキングルートを往復した。途中、雨が降り出したが、たまに現れる晴れ間から、アンデスの山々が神々しい姿を見せてくれた。しかし、キャンプ場に戻ってきて愕然とした。雨どいのない軒下には雨水が溜まり、テントが水没していたのだ。アウトドアの基本的な知識すら持っていなかったが故の失敗。雨が降ったらどうなるかと想像する思慮も欠けていた。しかし、衣類や寝袋は無事で、テントを移動させる手間だけで済んだ。

その後、ペルーを訪れた。ペルーでは、マチュピチュ遺跡までテント泊をしながら向かうトレッキングツアーに参加した。ちょうど雨の多い季節で、3泊4日の行程の半分くらいは雨。そして常に、雲の中を歩いているような感じで、湿度がとても高かった。キャンプ場に着いて荷物を取り出すと、衣類や寝袋の一部が少し湿っぽくなっていた。雨が染み込んだのかなと思い、とりあえず、近くの木の枝にひっかけて乾かすことにした。が、後で乾き具合を見にいって愕然とした。雨は降っていなかったにもかかわらず、さっきよりももっとひどく湿っていたのだ。濡れていると言ってもいいくらいのずっしり感。これも、湿度の高さを甘く見ていた初歩的なミス。そして、ツアーを終えるまで寝袋が乾くことはなかった。それにしても、濡れた寝袋で寝るのが、あんなに気持ちの悪いものだとは知らなかった。おまけに湿気で荷物が重くなる。そこに高山病らしき症状も重なり、肉体的には実に苦しいトレッキングだった。

けれど、いずれについても不思議と後悔はない。嫌な思い出でもない。もし、何かとても大切なタスクがあって、その障害になったのだとしたら、また違う感じ方をしたかもしれない。しかし、世界一周は旅をすること自体が目的みたいなもので、それ以上に大切なタスクはなかった。言ってみれば、見たことのないものを見て、経験したことのないものを経験するのが最重要タスク。だから、失敗やトラブルも面白いと感じられた。むしろそのほうが学びが多く、味わい深かった。そして、いつもなんとかなった。

だからだと思うが、失敗をしないようによく考えて、周到に準備するという作業を、自然とあまりやらなくなっていった。もちろん、辛いことはできれば避けたい。けれど、そこに意識を向けすぎると、旅の味わいを半分失ってしまう気がする。

旅は人生の縮図と言われるが、本当にそうだと思う。雨にはすべての生命を支える大切な役割があるし、雨には雨の味わいがある。雨降りは、時に都合が悪いだけであって、それ自体が悪いわけではないはず。安直に「天気が悪い」と言わず、せめて「恵みの雨だ」とか「浄化の雨だ」などと言ってあげたい。

マチュピチュ遺跡へ向かうツアー中のキャンプ場。周りは霧でかすみ、何も見えない。

topic 18

祭り

高森 勇旗

旅の足跡 35

首都完全封鎖

デンマーク［コペンハーゲン］

コペンハーゲンで走ることを諦めている筆者。観衆は、「Run! Run!」と言ってくる。

アイアンマンというレースをご存知だろうか。トライアスロンという競技の最も長い距離を走るレースで、Swim3・8㎞、Bike180㎞、Run42・2㎞を走る。私はこのアイアンマンレースに、2016年から2019年まで、4年間出場した。大袈裟な話に聞こえるかもしれないが、毎週のように世界中のどこかでレースは開催されており、誰でもエントリー可能である。今回は、あまり触れられることのないトライアスロンという競技の、アイアンマンレースの話をしたい。

競技の特性上、最初に水泳があるため、泳げる場所が必要となる。必然、開催地は海に面している場所が多いが、2016年のマーストリヒト（オランダ）は川だった。17年のサンタローザ（アメリカ）は貯水池、18年のコペンハーゲン（デンマーク）は入り江、19年のバルセロナ（スペイン）で、ようやく海を泳いだ。水泳が終わると、次は自転車。180㎞の道のりを走るため、そのコースを取れるルートが必要となる。180㎞とは、大阪〜名古屋間の距離とほぼ同じ。実際は90㎞のコースを2周回するパターンが多いが、それだけのコースを取り、ほぼ1日道を閉鎖しなければならないとなると、都市部で開催することは困難となる。実際、19年に出場したバルセロナは、開催地は首都・バルセロナから車で1時間半移動したカレーリャという街。「アイアンマン・東京」と言いつつ、開催地は熱海です、というノリだ。「アイアンマン・カレーリャ」と言うよりも、「アイアンマン・バルセロナ」と打ち出したほうが圧倒的に世界中からエントリーが集まる、という集客上の理由だろう。

さて、話はここからが本題である。18年に出場したコペンハーゲンは、嘘偽りなく、デンマークの首都・コペンハーゲンのど真ん中で開催される。早朝、24時間運行している地下鉄に乗ってスタート地点である入り江に向かい、3・8km泳いだ後、自転車に乗って90kmを2周回し、最後のランは、首都のど真ん中を完全に封鎖して行われる。10kmを4周回するのだが、沿道に詰めかける観衆は5万人を超えると言われている。人口約80万人の都市の5万人、約6%である。6%は、東京で換算すると約84万人だ（約1400万人の6%で、計算上は読売巨人軍の銀座で行われる優勝パレードの2倍強の人）。それだけの人が集まれば、それはもうお祭り騒ぎ。至る所に出店が出現し、お酒を飲みながらバーベキューを楽しむ大人たち、風船を追いかける子どもたちを横目に見ながら、42km走る。しかも、夏のコペンハーゲンは白夜に近く、22時半頃にようやく太陽が沈む。スタートから15時間後の21時にゴールしたとしても、まだ空は明るい！　16年、17年、19年

1 この姿勢で180km走る。5〜6時間。足よりも、背中と首が耐えられなくなる。2 バルセロナのフィニッシュ。これを経験してしまうと、やみつきになる。

に出場したレースは都市部でのレースではなかったため、ランのコース途中は人がいないエリアもあり、疲れと寒さで非常に寂しい気持ちになる。それもそのはず、〝最後〟のランとは言え、スタートしてから水泳、自転車を経て、7時間以上が経過してからフルマラソンが始まるのである。極限の状態で暗くなり始めた田舎道を走ることの苦痛は計り知れない。しかし、コペンハーゲンは首都のど真ん中、5万人の観衆の声援を受け、明るい街を駆け抜ける。

と、ここまで読んだ方は、「なんて楽しそうな風景だろう」と思うだろう。しかし、当事者にしてみれば、大阪城のお堀、東外堀を5周泳いだ後に、名古屋まで自転車を漕いだ後、岐阜県は土岐《とき》市まで走っているのだ（母校の中京高校までもうすぐ）。楽しいはずがない。沿道の大人たちは、お酒に酔って陽気に話しかけ、疲れ果てて歩いている私に向かって、「ヘイ！　走らんか！」と、言っている（ように聞こえる）。このヤロウ、と思う気力も、手を挙げて応える気力もない。思いは、「早くゴールして横になりたい」の一心。それでも、ラスト200mに入ると、即席に造られた仮設スタンドには満員の観衆。レッドカーペットの上を、大量のスポットライトに照らされ、MCが大音量のマイクで「From Japan!! Yuki Takamori, you are an "Ironman"!!」とコールする。どれだけ辛くても、このラスト200mの興奮を味わってしまうと、「クソ、また来年も出るか」となってしまうから不思議。コロナですっかり競技とは遠のいてしまったが、あのお祭り騒ぎ、離れてみると恋しくなるものである。

游木トオル

旅の足跡 36

メコン川の灯籠

ラオス［ルアンパバーン］

1 舟形の灯籠の一つ。龍の姿をしている。
2 祭りの衣装を着た人たちと灯籠の行列。

世界一周の旅の序盤、ラオスのルアンパバーンで、偶然、オークパンサーのランタン祭りに遭遇した。ボートレースや喜捨などのイベントを終えた夜、街中の寺院がキャンドルライトで飾られ、大通りには、舟形の大きな灯籠が、何台もずらっと勢揃い。色とりどりの灯りが、祭りの衣装を着た地元の男女や世界中からの観光客を照らし出す。やがて灯籠の列が進み始めた。どこへ行くのかと思ってついていくと、壮麗な寺院の前を通過して、メコン川の河岸に出た。そこで、灯籠流しをしていたのだ。大きな舟形の灯籠だけでなく、一人ひとりが持ってきたたくさんの小さな灯籠が、真っ暗なメコンの川面を流れてゆく。

僕は、河岸に座り、流れゆく灯籠をぼんやり眺めていた。ちょうど、旅の道連れになった外国人とのコミュニケーションがうまくいかないストレスを感じていた時だった。簡単に言えば、相手の都合に合わせようとする自分と、そんなことはしたくないと思う自分との葛藤というちっぽけなストレス。しかしどんな小さな心の動きも無視せず観察し、向き合っていくことが、この旅で自分に課したほぼ唯一の課題だった。

振り返ってみれば、仕事中心の生活を送っていた当時、社会人としての常識や属する業界の作法に習熟していくことで、自分が強く、生きやすく、価値ある存在になったように感じることもあった。けれど、それは後から身につけた仕事用の鉄の鎧みたいなもの。それを身につけるためにどれだけの時間と労力を費やしたことか。しかし管理職となり、また別の新しい鎧を身につけなければ満足にやっていけなくなった時、人生で残された時間をそれに費やすことに激しく抵抗する心の声が湧き上がった。それは、「なんにもいらないから、本当の自分でありたい」という、魂の叫びのようなもの。その声に従って鎧を脱ぎ捨て、何者でもない一人の人間に戻ってみたら、ヤワで不器用な子どもの自分だけが残った。とりわけ、異国を放浪する旅の中では、言葉が不自由な上、日本の常識も通用しないから、生まれたての赤ん坊に近くなる。けれどそのおかげで、幼児期から少年期、青年期にかけての心の成長過程を、もう一度ダイジェスト版で体験し直す機会が得られた。そして無邪気な子どもに戻って体験するそのプロセスは、実際、喜び以外の何ものでもなかった。そのありがたさは、真逆を経験した50歳からのバックパッカーならではの実感かもしれない。

灯籠の灯りに癒され、無理に相手に合わせなくても大丈夫というフラットな気持ちになって、宿への帰路に着いた。次はその実践を経験して、またその心の動きを観察するだけだ。心地よい夜風に吹かれながらのんびり歩

キャンドルで飾られた寺院の一つ。

いていると、小さな灯篭の風船みたいなものが、いくつもふわふわと空に舞い上がり始めた。僕は、なんとなく、子どもの頃に見た日本の祭りの雰囲気を思い出していた。日本でも、こんなふうにゆるい、ほのぼのとしたお祭りが、また見られるだろうか。

topic 19

秋の景色

高森 勇旗

旅の足跡 37

世界一紅葉が美しい国

日本［富士山］

1 紅葉と富士山。日本人に生まれたことを最も誇りに思う景色の一つ。2 さまざまな種類の木が密生することで、多様な色彩を見せる日本の紅葉。

日本の紅葉は、世界一美しい。というのはもちろん主観であるが、客観的に見ても世界一美しいというのにふさわしい条件が、日本に〝だけ〟ある。今回は、地理的な条件から、世界一美しい紅葉を見ていこう。

まず、紅葉はなぜ起こるのか？　紅葉は、木々が寒い冬を生き延びるため、冬眠状態に入る前に、葉に貯めた養分を幹に集約する過程で起こる現象である。葉の光合成を止めるために葉緑体を減らし、そのことで発生する有害な物質を抑えるため、アントシアニンという物質を分泌することで赤く染まるのだ。年中暖かい熱帯地方では木々は休眠する必要がないため、落葉樹林がない。年中寒い地方では、木々は寒さに耐える構造の葉を持つ針葉樹となり、その多くは常緑のため紅葉しない。木々が葉を落とす落葉広葉樹林があるのは、1年のうちの一定期間、成長できない季節がある地域に限られる。つまり、四季がある温帯地域のみに落葉広葉樹林はある。それらが多く存在しているのは日本を含む東アジアやヨーロッパの一部、北アメリカの東部に限られる。実は、紅葉が見られること自体が貴重なのだ。

その中でも日本の紅葉が美しいと言われるのは、葉の色彩が鮮やかだからだ。色の秘密は、落葉広葉樹の種類にある。欧米では約13種類あるそうだが、日本はなんと26種類。欧米での紅葉と言えば、一面黄色、一面オレンジというように単色が多い。ヨーロッパの紅葉は全体に黄色いのが特徴で、赤くなる種類の木が少ない。それに比べ日本は、赤や黄色、オレンジ色があり、常緑樹などの緑色も混ざって多彩で美しい紅葉が見られる。国土の7割が山林で、山あり谷ありの複雑な地形によって多様な種類の木々が生えるため、狭い場所にさまざまな色が凝縮される。

ではなぜ、日本にだけこのように多様な落葉樹が存在するのか。それは、氷河期に日本列島で広葉樹が生き延びたからである。他国では死滅してしまったが、日本では暖かい海岸線や地形に守られ、多種多様な落葉広葉樹が氷河期を耐え抜いた。歴史的背景や、地理的な条件が整い、今日我々は世界一美しい紅葉の国に暮らしているのである。

その中でも、代表格は言わずもがな京都であろう。自然の側に身を置いた日本の建築物の美しさは、自然の中でこそ映える。自然を支配しようとせず、自然と共に生きることを主眼としている木造建築や禅の精神は、紅葉との相性が非常に良い。しかし、それはあくまで人間の生活と自然の調和という美しさだ。むき出しの自然の中で、圧倒的に美しい紅葉が拝めるスポットとして、河口湖を推したい。なんと言っても、紅葉越しに見る富士山の美しさはしばし呼吸を忘れるほどである。もしも拝むことができたなら、

秋に関係なく、甲子園は常にこの光景である。ただし、10月の甲子園の熱狂ぶりは、これも日本でしか見られない光景かもしれない。

この時代に、ここ日本に生まれたことを心から誇りに思うだろう。

話はまったく変わるが、10月の甲子園での阪神タイガース対広島カープの一戦は、見事な紅葉が見られる。阪神タイガースの黄色と、広島カープの赤色がスタンドを埋め尽くすからだ（決して混じり合うことはないが）。10月と言えば、シーズンの最終局面である。今年（２０２３年）は阪神が独走しているためスタンドはほぼ黄色で埋め尽くされるだろうが、カープも調子がいい。近年では稀に見る大紅葉が見られることだろう。

紅葉は、寒い冬を越すための現象だ。紅葉とは無関係の青色のチームは、黄色と赤の両チーム、ついでに、オレンジ色のチーム（巨人）に寒い冬をもたらすことはできなさそうだ。紅葉も野球も、気がついた時には終わっている。今シーズンのベストを見逃さぬよう、日々チェックしていこう。

游木トオル

旅の足跡 38

砂漠から森へ

イギリス［コッツウォルズ］

1宿の窓からの景色。2森の散策路。このようなpublic footpathが縦横に整備されていた。

まだ十分に暑いエジプトから晩秋のロンドンへ飛んだ。どこへ行ってもよかったのだが、以前出会った旅人のすすめに従い、レンタカーを借りてコッツウォルズ周辺のイングランド中部エリアを巡った。海外で初めてのレンタカー。日本と同じ右ハンドル・左側通行なのはよかったが、苦労したのは、なじみの薄いロータリー方式の交差点が多かったことだ。右折しようと思ったら、左にハンドルを切ってロータリーに入り、時計回りに２７０度回って左にハンドルを切ることになる。四《し》叉路《さろ》ならまだマシだが、放射状に何本もの道路が交差していることも稀ではなく、そんな時は、どのタイミングで出ればいいのか分からなくなるのが常だった。おかげで何度も道を間違え、時間をかなりロスした。

夕方、そろそろ今夜の宿を見つけておこうと思った時、はちみつ色の石灰岩を積み重ねた、ノスタルジックな塀と建物が点在する、絵に描いたような古い街に入った。街の名前は、確かFairfordといった。宿を探そうにも、歴史的景観を大切にしているためか、目立つ看板などは見当たらなかったので、車を停めてスマホで周辺の宿を探した。たまたま近くに手頃なＢ＆Ｂがあったので、そこに泊まることにした。外観ははちみつ色の石造り、内装は白を基調に統一されたおしゃれな造りで、男一人で行くのは本当にもったいない、実に可愛らしい宿だった。オーナーは物腰柔らかな老紳士。自宅を改装して、一人でその宿を切り盛りしていた。

翌朝、僕は、この美しい街の周辺を少し散歩してみることにした。歩き始めて間もなく、森へと続く散策路の入り口を見つけた。僕は、どことなく故郷の北海道に似た雰囲気にも誘われて、森の散策路へと足を踏み入れた。枯れ葉が敷き詰められた小道をサクサクと歩き、広々とした牧草地を抜け、小さな川沿いの、ほの暗い小道を進んだ。ジョギングをしている人たち数名に出会ったほかは、ただ一人きりの静かな時間が流れた。なんの変哲もない森の小道だったにもかかわらず、意外なほどに心が浮き立ち、なんだか嬉しくて嬉しくてたまらなくなった。まさにその瞬間、心から求めていた何かが、そこにあったからだろう。それは「見たことのないようなすごい景色」ではまったくなかったけれど、その時一番必要としていたもの。おそらくは、ひんやりと肌に心地よい冷気、優しく包み込むような森の香りと清流の潤い、みたいなものだ

1 街外れの古い教会。St.Mary's Church。2 教会の内部。

ったと思う。砂漠地帯の暑さと乾燥の後だっただけに、ここで味わうヨーロッパの秋は、その時の僕にとってこの上ないご褒美だったのだ。最後に、ステンドグラスの美しい古びた教会というおまけまでついて、至福の数時間を終えた。

日本では当たり前のようにある、紅葉と落葉の森を歩いただけの、平凡と言えば平凡なことではあったけれど、しみじみと心に残る旅のひと時。ふと唐突に、数十年前、旅先の福島で見た生涯最高の紅葉が脳裏によみがえった。

topic 20

あきらめ

高森 勇旗

旅の足跡 39

ニューヨークスタイル

ニューヨーク［タイムズスクエア］

タイムズスクエア。夜というのに、とんでもなく明るく、うるさい。この人混みの中を疾走するのは、間違いなく迷惑である。

ニューヨーク。誰もが一度は行きたいと思う、憧れの場所。しかし、我々のイメージするニューヨークとは、紛れもなくニューヨークではあるが、実際はマンハッタンのことであろう。私自身も、ニューヨークとマンハッタンの区別はまったくついていなかったが、とにかく、〝ニューヨークに行きたい〟という思いだけで、マンハッタンのど真ん中、ミッドタウンエリアにホテルを取った。

マンハッタン島の面積は、世田谷区とほぼ同じ。人口は昼間が330万人で、夜間が170万人。東京都の都心4区は、昼間が330万人とほぼ同等であるのに対し、夜間は50万人にまで減る。昼も夜も人口が多く、経済、文化の発信地であるニューヨーク（マンハッタン）は、押しも押されもせぬ、世界一の都市と言えよう（東京を中心とした日本の〝首都圏〟の人口は、世界一多い）。

噂に聞く以上に、大都市である。歩いても歩いても、巨大なビル同士がピッタリとくっついて、まるで壁のようにどこまでも続いていく。交通量は激しく、クラクションや工事の音が鳴り響き、街中が騒音で溢れている。その中を、さまざまな人種の人々が思い思いのファッションに身を包み、あらゆる交通手段（徒歩、ランニング、自転車、キックボード、スケボーなど）で移動している。世界の都市に比べると、圧倒的に清潔で静かな東京に慣れていると、とんでもないアウェー感を味わうことになるだろう。

せっかくニューヨークに来たならば、エンターテインメントの頂点であるブロードウェイを観にいこうと、定番ミュージカルである「Wicked」のチケットを妻と2人分購入し、18時30分の開演を待った。ホテルからブロードウェイまでは、１・２㎞だ。タクシーであれば、10分も見れば十分にたどり着けるだろう。チケットはすでに購入済み。18時にホテルからタクシーに乗れば十分に間に合う。そのつもりで、時差ボケによる究極の眠気を解消するため、しばし仮眠を取ることにした(日本とニューヨークは14時間の時差)。

仮眠から目覚めた我々は、十分過ぎるほど早く支度を始めた。これからニューヨークのミュージカルに行くのだ。私はジャケットに革靴。妻も相応におめかしをしてホテルを出た。さぁ、タクシーを拾おうと思った時、ニューヨークの現実が目の前に立ちはだかった。まずは、夕方の大渋滞。我々が向かうはずの道路は、車がまったく動いていない。そして、タクシー待ちの行列を無視し、上流へ上流へとタクシーを奪いにかかるニューヨーカーたち。「えぇ～割り込みじゃん」なんていう無《む》垢《く》な日本人気質はまったく通用しない。３６０度から鳴り響くクラクションの音も、余計に焦りを増長させる。今から地下鉄に乗っても、微妙に間に合わない。

セントラルパーク。大都会の中の大自然で大の字で寝てみる。この時、時差ボケがすごすぎて本当にこのまま眠ってしまった。

というか、この状況で目的地への最短ルートでスムーズに地下鉄に乗れる自信がない。相変わらず、タクシーはどんどん上流の人の手によって奪われていく。この屈強なニューヨーカーたちとのタクシー奪い合い競争に勝てる気がしない。我々は、タクシーに乗ることを諦めた。頼みのＵｂｅｒも、この大渋滞の中では機能しない。残された手段は、走ること。開演までは、残り15分を切っている。1・２㎞の距離は、当時の私の足で、ランニングシューズを履いて、およそ５分。しかし、今はジャケットに革靴、そして、ここはマンハッタンのど真ん中だ。信号もあれば、人混みもある。少なく見積もっても10分はかかるだろう。それでも、走るしかない。私と妻は、オシャレに決め込んだ洋服を振り乱しながら、ニューヨークの街を疾走した。途中、タイムズスクエアを通ったはずだが、ほぼ記憶にないくらい一瞬に過ぎ去った。後に分かったことだが、この時スマートウォッチに記録されていた速度は、１㎞を５分45秒のペースであった。私はまだしも、妻がよくついてきたものだ。

なんとか開演にギリギリ間に合った我々は、しばし汗だくの状態でミュージカルを鑑賞。それはそれは、素晴らしい観劇だった。内容はほとんど覚えていないけれど、一連の思い出が、今も色あせずに残っている。

游木トオル

旅の足跡 40

旅讃歌

ロシア［サンクトペテルブルク］

1 ロシア・サンクトペテルブルクのエルミタージュ美術館。2 展示されていた図書室。

「あきらめ」という言葉に、望みを捨てるとか、絶望するといった、ネガティブなニュアンスが含まれているとするならば、世界一周の旅の中では、不思議なくらい「あきらめ」を感じた記憶がない。もちろん、思ったようにいかないことはよくあった。例えば、ロシアに続いてバルト三国に行ってみたいと思いながら、冬の寒さに嫌気がさしてトルコへ飛んだのは、「寒くてあきらめた」と言えなくもない。しかし、これは行けなかったというより「行かなかった」に近い。どうしても行きたければ後から行くこともできたはずだ。他にも、希望しながら実現しなかったことは多々あれど、どれも「泣く泣く断念した」という印象がない。なぜだろうか。

一つには、世界中を気ままに旅するという大きな夢が実現している最中においては、それ以外の望みが実現しないこと、例えば行きたい場所をいくつかスキップすることくらい、たいした問題ではなかったのだと思う。ビギナーバックパッカーの特権で、どこへ行って、何をしても新鮮で刺激的だったから、できなかったことより、できたことに意識が向き、とにかく旅を続けていられるだけで、心は満ち足りていた。満足度を計測したとすれば、旅をしていることのプラスが大きすぎて、何かを断念するという多少のマイナスがあっても無視できる範囲内。到底ゼロにはならなかった。

そもそも「あきらめ」の感情は、何かを希求する気持ちが強ければ強いほど濃く現れるはず。この点、僕が根源的に求めていたのは、自分の人生を生きる自由と、そこで出会うすべての経験を味わえる豊かさ。その象徴的な表現が世界一周の旅だった。それゆえ、どこへ行くか、何をするかといった具体的な行動レベルではさほどこだわることがなく、「あきらめ」の感情も薄かったのだろう。

もう一つ考えられるのは、流れに身を委ねるようになったことだ。旅では思うようにならないことが多いけれど、そういう時にこそ、その先に深い喜びが待っていた。そんな経験を繰り返すことで、運命に対する信頼が生まれ、状況をコントロールしようとする力みが消えていった。この過程では、状況をコントロールすることを「あきらめる」段階があったとも言えるが、やがて「コントロールしないほうが面白いぞ」と気づいていった。流れに身を委ねるといっても、他人に流されるのとは違う。次々と目の前に現れる出来事をサインとしてとらえ、それに直面した時々の素直な気持ちに従って、導かれるように選択していく感じだ。客観的にはトラブッているように見えても、主観的には文字通り流れるようにスムーズに物事が進んでいる感覚。そんな時は、あらかじめ考えた計画があるわけではないので、「あきらめ」が生じる余地もなかった。

　こうして振り返ってみるとよく分かる。かつてあきらめかけていた「自由に生きる」という願いを実践しているだけで、それ以外に何も望むことはないくらい、最高に幸せな旅だったと。

トルコ中部にある奇岩の大地、カッパドキア。この辺りは寒かった。

topic 21

師走

高森 勇旗

旅の足跡 41

国宝のある街

日本［富山］

国宝・瑞龍寺の仏殿。瓦は鉛でできている。鉛瓦は全国で金沢城とここの２カ所しかない。

私にとっての年末年始と言えば、「帰省」を意味する。しかし、ただの帰省ではない。私は富山県高岡市にある中学校を卒業してすぐ、いわゆる野球留学と呼ばれる越境で、岐阜県瑞浪《みずなみ》市にある中京高校に進学し、寮生活に入った。16〜18歳という、最もアイデンティティが育まれるであろう年頃に、厳しい野球部の団体生活。年に一度だけ許される帰省は、当時の私にとって人生最大のイベントだった。なんなら、「甲子園に行ける代わりに帰省はナシね」と言われたら、「それだけは勘弁してくれないっスかね」と言うであろうほど、大事なイベントだった。

冬の富山は、寒い。年によっては、雪が1m近く積もることさえある。瑞浪から名古屋駅で特急しらさぎに乗り換え、滋賀県の米原を越えたあたりで車窓から雪が見える。福井を越え、石川を越え、4時間以上かけてようやくたどり着くのが、高岡だ。しんしんと雪が降りしきり、膝まで積もった雪をかき分けた先に、父親がホンダのフィットから長靴で降りてくる。父親の「おかえり」は、何よりも温かかった。家に帰れば、母親がご馳走を作って待っている。炊き立てのコシヒカリと卵焼きは、何にも代え難い幸福の味がした。

1年の中で1週間だけ許された、自由時間。地元の友達と会ったり、映画を観たり、普段はできないことを存分に楽しみ、あっという間に大晦日を迎える。忙しい帰省中とあっても、大晦日は決まって瑞龍寺《ずいりゅうじ》に行った。このお寺は、加賀百万石を築いた前田家二代当主・前田利長の菩提寺で、三代当主・前田利常が建立した。仏殿の屋根は鉛で作られ、戦が起きた際には鉄砲の弾丸として使えるようになっており、お寺と同時に、城としての機能も担っている。建築自体の構造の優美さ、迫り来るような迫力、禅寺特有の緊張感、仏の柔らかな表情、窓から差し込む芸術的な光と、一つの場所にいくつもの魅力が詰め込まれた、富山県を代表する国宝のお寺である。造営に約20年かかったこのお寺は、江戸初期の禅宗寺院建築の傑作と評されている。

１９９７年に山門、仏殿、法堂が国宝に指定されて以降、たくさんの観光客が訪れるようになった。北陸新幹線が開通してからは、さらに多くの人々がこのお寺を訪れたことだろう。とはいえ、地元住民にとって瑞龍寺は大昔からそこにある。まして、私の通っていた小学校からは、目と鼻の先にある。行事のたびに人が集まり、大晦日はここに行けば必ず友達に会うことができた。言ってみれば、ここはホーム。故郷を離れて20年になるが、ここに行けば誰かと会えるかもしれない、

1 雪の瑞龍寺。禅寺の緊張感と相まって、厳しい寒さを感じる。2 法堂の窓から差し込む光は柔らかく、心地よい風が吹き抜ける。

何か昔の記憶と繋がれるかもしれないという期待が、帰省のたびに私をここに連れてくる。

何年前だっただろうか。ずいぶんと前だったと記憶しているが、ＮＨＫ紅白歌合戦の放送直後に始まる、「ゆく年くる年」が瑞龍寺から始まった年がある。今よりもずっと視聴率が高かった紅白歌合戦のフィナーレ直後に、見事に雪化粧をした瑞龍寺が画面いっぱいに映し出された。我らが瑞龍寺が、その年の締めくくりにふさわしい風景として、一挙に数千万人に届けられたのだ。わずか数分の出来事だったが、表現しがたい誇らしい気持ちが胸いっぱいに込み上げた。母親がテレビに向かって拍手をしたのを皮切りに、気がつけばみんなで拍手していた。

「さ、じゃあ行こうか」

瑞龍寺の全国デビューを見届けた我々は、ホンダのフィットに乗り込み、雪道をかき分けるように瑞龍寺に向かった。除夜の鐘が、どこまでも鳴り響く夜だった。

游木トオル

旅の足跡 42

真空を生み出す旅

トルコ［ヒエラポリス］

トルコ、ヒエラポリス遺跡の空。空はどこでも同じ、というわけでもない。

検察官時代、師走と言えば、年末の未処理事件数を極限まで減らそうとする恒例の年中行事で大忙しだった。組織の内向きな事情で急き立てられるのには最後までなじめなかったが、手持ち事件をため込むことにはデメリットしかないので、年末を区切りとして少しでも身軽になること自体には意味があった。過度に多数の事件を抱えていると、時間的にも精神的にも苦しくなり、ミスも出やすい。上げるも下げるも難しくなった長期未処理事件は、靴に入った小石のように絶えず気に掛かる。上司から見ても、そんな状態の検察官に新たな重要事件を振ることはできない。どうしてもどんより淀んだ感じになってしまい、気持ちよく仕事ができない。手持ち事件をためないためには、マルチタスクを要領よくこなす事務処理能力が必要なのはもちろんだが、何より、完璧ではなくても要所を抑えてすぱっと割り切る決断力が大切で、これには向き不向きがあった。当時の僕は明らかに向いていないタイプだったので、それはそれは苦労したものだ。

思えば、生きていると無自覚なまま多くの未処理案件をため込むもの。物質的な所有物もそうだが、仕事上の立場や家族をはじめとする人間関係は永遠の未処理案件みたいなもので、とりわけ重い。そして不器用なほど「なすべきこと」に埋め尽くされ、容易に身動きが取れなくなる。仕事という枠内だけで言えば、後先考えずに案件を放り出すと強く非難され、その後とてもやりにくくなるから、よく考えて行動したほうがいい。しかし、人生は自分のものだ。自分を苦しめる案件を後先考えず放り出すのも自由。それに対して「現実逃避、身勝手、無責任」などと言われようとも、その選択の結果はすべて自分が引き受けるしかない。それこそが本当の責任であって、他人の期待に応えることを「責任」と呼ぶのは、他人の都合を押し付ける巧妙な罠《わな》だと思う。どんなにいい子ちゃんをしていたって、誰かが自分の幸福を引き受けてくれるわけではないし、そんな大事なことを他人に依存したくもない。

そして経験上、後先考えずに手放すことの効果は絶大だ。先の準備をしていないから真空のスペースが生まれる。真空のエネルギーは超強力で、新しいものをぐいぐい引き寄せる。しかもその多くは、自分が本心で望んだものなのだ。旅人暮らし、心通じ合う友、深いパートナーシップ、自然と共にある生活、自由なライフスタイルといった目に見えるものから、自己肯定感、生きる喜び、内なる平和といった内面的なものまで、かつて絶対無理と思っていた奇跡が、少しずつだが、次々と訪れる。僕の場合、その中でも最大級の夢の実現そのものであり、かつその他の夢へとつながる大きなきっかけになったのが、世界一周の旅だった。すべてを放り出して気ままな一人旅に出ることで、容易に真空のスペースが生まれる。たとえ旅をしている間だけだったとしても、その間に受け取ることのできる大切なものがきっとある。

宮古列島にある伊良部島の海。日本にも、真空になれる場所がたくさんある。

topic 22

聖地巡礼

高森 勇旗

旅の足跡 43

ガウディも巡礼した聖地

スペイン［モンセラート］

モンセラートの中腹にある大聖堂とその関連施設。後ろに写るのが、のこぎり山の奇岩。

これまでに最も多く訪れた都市と言えば、バルセロナだろう。この街は、特に日本人にとってはパーフェクトな観光地と言える。街自体が芸術的な建築物に溢れ、歩いているだけで非常に多くの有名建築を見ることができ、街も清潔で、比較的治安も良い。これまた歩いていける範囲に海も山もあり、何より食が抜群においしい。フランス、イタリアに比べると値段も安く、ピンチョスという料理のスタイルは、「ちょっとを、ちょっとずつ」という日本の居酒屋の文脈に通じる。そんなわけで、私はバルセロナに何度も通っている。

中でも、初めてサグラダ・ファミリアを見た時のインパクトは強烈だった。建築そのものはもちろんのこと、これを設計したガウディという人物にものすごく惹かれた。彼の建築の多くは自然界からヒントを得ており、木が枝を張り巡らせたかのような柱や、屋根や壁が見事な曲線を描く様は、直線に慣れきっている今日の我々にはあまりにも斬新に映るのに、どこか懐かしさを感じる。そんな天才・ガウディが聖地として定期的に巡礼していた場所がある。それが、モンセラートだ。

カタルーニャ（バルセロナの旧国名）の聖地と呼ばれるモンセラートは、市内から約1時間で気軽に行くことができ、ショートトリップとしては秀逸《しゅういつ》な立地環境にある。モンセラートは、カタルーニャ語で「のこぎり山」という意味。サグラダ・ファミリアの特徴的なデザインは、この不思議な山の風景の影響を受けたとも言われている。

この山の中腹（標高７２５ｍ）に、サンタ・マリア・モンセラート修道院附属大聖堂があり、ここでは9歳から14歳までの声変わりする前の少年たちが、平日は毎日2回、ミサの後半に聖歌を歌う。彼らはヨーロッパ最古の少年聖歌隊と言われており、その歌声は神の気配を感じるほどに美しい。そしてこの大聖堂の一番の見どころと言えば、黒いマリア像である。教会の奥から我々を見下ろすように鎮座している黒いマリア像は、その右手に、世界（全宇宙）を象徴すると言われている玉を持っている。そして、その玉に触りながら願い事をすれば叶うと言われ、それ目当てに長い行列が連日できている。

２０１６年にバルセロナを訪れた際に、この黒いマリア像の話を聞いた。1月の寒い日だったと記憶しているが、電車を乗り継いでモンセラートへ向かい、ついに黒いマリア像と対面。当時の私からすれば、まさに夢物語のような願い事を込めたところ、なんと9月までに本当に叶ってしまった。私はこの手の迷信や伝説めいたものが大好きではあるが、本当

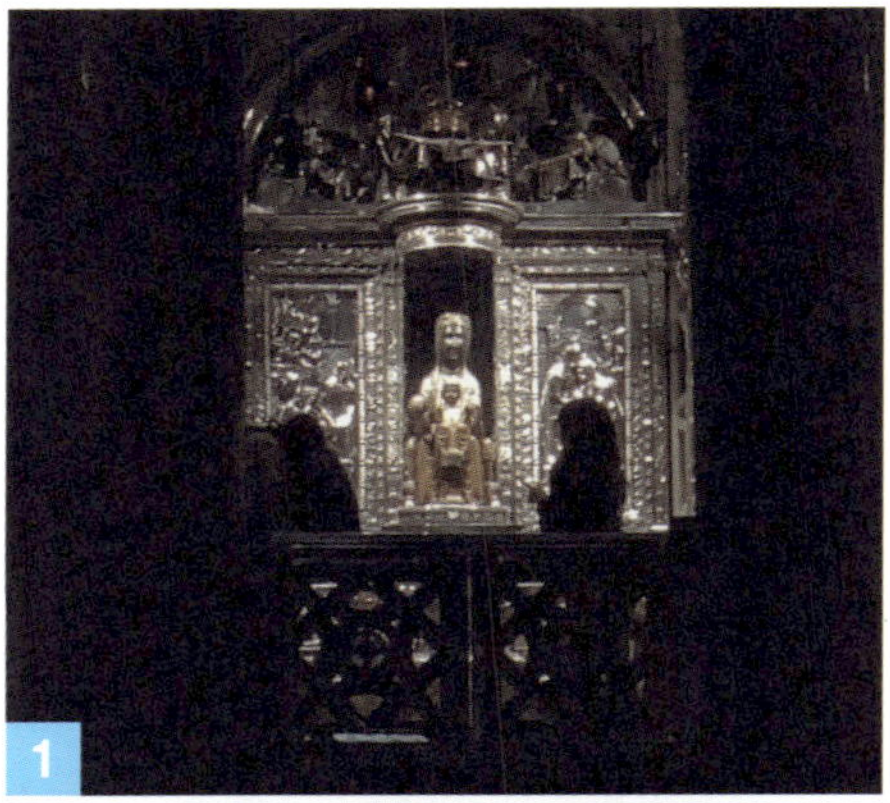

1 遠くから見た黒いマリア像。教会の暗さも相まって、独特な雰囲気を醸し出している。2 ヨーロッパ最古の少年聖歌隊と言われている、モンセラート・エスコラニア。まさに、神の歌声である。

に叶ったのはここが唯一である。２０１８年にはお礼参りに訪れたが、その時は欲をかかずにお礼に終始した。その次に行く時は、また違う願い事を込めてみよう。そう誓って、モンセラートを後にした。

時は流れて、２０２３年4月。三たびモンセラートを訪れた。目的はもちろん、黒いマリア像。しかし、この日はキリスト教のイースターで街は休日、多くのバルセロナ市民がモンセラートに集まっていた。黒いマリア像は、想像を絶する大行列。以前はいなかった警備員が何名も配置され、なんとファストパスのようなものまで配布されている始末。到着したのは午前だったが、「予約なしの人は、マリア像に対面できるのは早くて午後の4時だね」とのこと。大聖堂の中からでも、黒いマリア像は見られる。右手の玉には触れずとも、あれからずいぶん成長しました、という報告だけでもしておこう。「願いが叶う」と言われれば、行列になる。そして、いつの間にか〝予約制〟になる。全世界、共通である。

游木トオル

旅の足跡 44

感覚をひらく

ボリビア［ウユニ塩湖］

ウユニ塩湖の幻想的な夕焼け。

宗教の聖地を参詣《さんけい》する巡礼でも、アニメやドラマの聖地巡礼でも、わざわざたいへんな時間と労力を使って遠くまで行くのは、その人にとっての神聖な場所に実際に身を置く体験そのものに、何か大きな意味があるからだろう。それって、旅に出る理由と似ている。どれだけ情報が出回り、バーチャル・リアリティの技術が進んでも、その現場にしかない空気感やエネルギー感のようなものがあるはず。それに、旅の醍醐味《だいごみ》は、苦労して現地まで行くプロセスの中にあったりもする。

そういう観点から見ると、世界一周の旅や放浪の旅はとても面白い。言ってみれば旅程の全部が目的地であり、かつプロセスでもある。その中で、「ここは絶対に行ってみよう」とあらかじめ決めて行く「旅の聖地」もあれば、有名かどうかにかかわらず、何も知らずに立ち寄ってみたら、「ここすごい！」と感じる、「聖地発見」みたいなこともあった。

前者の場合、事前に得る情報量が多いほど、現地へ行った時の感動が薄れがちだが、それでも「やっぱり現地に来てみてよかった！」と感じる場所はたくさんあった。というより、ほぼすべての有名スポットで、新鮮な驚きと感動があった。

例えばボリビアのウユニ塩湖。そこは鏡張りの絶景がとても有名で、写真もよく目にするが、巨大な光に包まれているような未知の感覚は、その場に行くまで想像すらできなかった。天と地の境界が曖昧になるだけでなく、視覚と聴覚の境界も曖昧になり、光と風が奏でる静寂の音に満たされているような不思議な感じがした。

それから、例えばアメリカのシャスタ山。ここは、知る人ぞ知るパワースポットだが、そこへ行って何を感じるかは人それぞれのようで、僕が一番驚いたのは、シャスタに近づくにつれて、呼吸がものすごく深くなったこと。感覚的には、通常の何倍も深くなった気がした。そして現地に滞在していると、土地との相性の良さと言ったらいいのだろうか、大地に深く根を張り、大地と一体となるような強烈な感覚が生まれる瞬間があった。シャスタほど、そこに長く住んでいたような、あるいはこれからずっと住み続けていくような、不思議な親近感を覚えた場所はなかった。

振り返れば、旅の聖地は、それまで知らなかった新たな感覚を開いてくれる場所だったように思う。そして一度その感覚を経験すると、似たような感覚を感じやすくなり、キャッチできる情報の質と量が変わる。そうやって感覚が広がっていくことは、僕にとっての心の豊かさ、ひいては人生の豊かさに直結した。特に、自然の驚異や美しさによって開かれた感覚は、幸福感を感じる回路を広く、太く成長させてくれた。感覚をできるだけ閉じておかなければ生きられないような環境の下では、いくら努力しても得られることのなかった幸福感。それを感じら

シャスタ山。プルート・ケイブのあたりから。

れるようにしてくれた重要なきっかけが、旅の聖地巡礼であり、それは巡礼によって与えられる恩《おん》寵《ちょう》のようなものだったと思う。

topic 23

トイレ事情

高森 勇旗

旅の足跡 45

中腰を制する者は世界を制す

ペルー［マチュピチュ］

マチュピチュ遺跡のふもとにある村。人が住むには適しているとは言えない場所にあり、ペルー人曰く、ペルーで最も物価が高い街だそうだ。

私は、胃腸が弱い。いや、むしろ便通は悪いほうなのだが、下ることも多く、少なくとも強いと自覚したことはない。飛行機にお乗りの方々に、なぜ私的な事情をカミングアウトしているのか、そして、お食事中の方、楽しみにしていた旅の途中の方もいらっしゃる中で、いきなりこんな話を展開してもよいものか、はばかりながらではあるが、少々私の海外での出来事にお付き合い願いたい。

私の初海外旅行は、イタリア・ローマだった。公衆トイレに行けば場所によっては少額のコインを支払う必要があり、BARやカフェに行ってトイレを貸してもらう際は、水か何かを買わなければならないというルールも、この時に学んだ。ご存じの通り、海外のトイレに決して清潔感を期待してはならない。というか、日本のトイレが美しすぎるのだ。この国で育ってしまったばっかりに、海外でトイレに行くことを躊躇《ちゅうちょ》してしまう。以前、この機内誌の連載をされている楠木建氏に、なぜ日本のトイレは世界で一番きれいなのかと尋ねたところ、「清潔感に加えて、〝公共性のレベルの高さ〟でしょう。自分のもの以外は公共のもので、大切に扱わねばならないという意識が飛び抜けて高い」との回答。確かに、海外での公共のものを扱う雑さと言ったらない。そんなわけで、海外では極力トイレにはお世話になりたくないと思っているにも関わらず、重要な時に限って腹痛はやってくる。その1回目は、マチュピチュ遺跡の入り口ゲート直前だ。以前にもこの連載で触れたが、日本からマチュピチュにたどり着くまでには最速でも32時間かかる。何度も飛行機を乗り換え、バス、電車を乗り継ぎ、1泊して早朝さらにバスに揺られてたどり着くのが、マチュピチュである。長旅の果て、まさにここからマチュピチュ遺跡という入り口で、突然の腹痛。なぜ昨日の夜ではなく、今なのか。自身の運命を嘆きつつ、トイレに駆け込む。標高2400mの崖の上にある世界遺産である。美しいトイレがあるなど、ハナから期待していない。しかし、トイレのドアを開けた時、私は困惑した。便座がないのである。

「こ、これは、どのようなスタイルを求められているのか……」

しかし、考える猶予などない。幸いなことに、私はキャッチャー出身である。中腰の姿勢をキープさせるのに、これ以上の人材はいない。プロで鍛え上げた足腰の力を存分に発揮し、マチュピチュトイレとの格闘に勝利した。いろんな意味でスッキリした気持ちで入り口を通過したことは言うまでもない。

2回目は、北京の天安門広場の入り口ゲート直前（またゲート直前）。厳重なセキュリティチェックを受けている間も、襲ってくる波。トイレは、ゲートの先にある。

天安門広場。実際に歩くと想像をはるかに超える広さで、収容人数はなんと100万人とのこと。とんでもない規模だ。

手荷物をフライング気味で受け取りトイレに駆け込んでいく姿は、間違いなく不審者そのものだ。個室へ駆け込む。なんと、ここも便座なしスタイルだ。しかし、マチュピチュで経験済みの私は、そんなことではうろたえない。勝利を確信して個室のドアを閉めようとしたその時、異変に気づいた。鍵がないのである。ないどころか、ドア自体が閉まらない。手を離すと自動で開いてしまうのだ。

「おいおい、こんな時に限って……」

私は隣の個室に入り直した。すると、そこも同じく鍵がない！　隣の個室も、そのまた隣も！　後に分かったことだが、天安門広場内のトイレは、すべてのドアが閉まらない仕様になっている。中で変装するなどの行為を防止するためだそうだ。そんなことは、腹痛の波に耐えている私にとって知る由もなければ、知ったところで現状は変わらない。マチュピチュの時と同様、中腰スタイルに加え、左手を目一杯伸ばしてドアを押さえねばならない。その姿は、キャッチャーが高めのボール球を要求している姿勢とまったく同じではないか！　野球をやっていてよかった。こんなところで役に立つなんて、人生何があるかわからないものだ。

トイレ事情、というか、私の胃腸事情のようになってしまった。エピソードはまだほんの一部で、モロッコの話、インドの話もしたいところだが、快適な空の旅をこれ以上邪魔するわけにはいかない。この辺りで水に流すとしよう。

游木トオル

旅の足跡 46

やりすぎ?

インド［プリー］

インド東岸、プリー近くのビーチ。宗教上の理由から着衣のまま海水浴。にぎわっているが、この少し横の砂浜が、地元住民のトイレである。

スリランカ中部、キャンディ駅のホームで、30代のオランダ人カップルと友達になった。

彼氏「日本のトイレは、みんなシャワートイレなの？」

僕「まあ、たいていはね」（え？　オランダは違うの？）

彼氏「わぉ！　そのシャワーは温度調節できて、温水が出るっていう話は本当？」

僕「うん」（ん？　それって珍しいことなのか？）

彼氏「うぉー！　しかも、便座が温かくなるっていう話も本当？」

僕「う、うん。そうだよ」（あれれ？？）

彼氏と彼女「すごい！　本当なんだ！」と驚いて顔を見合わせ、感動すらしている様子。

　そんな彼らの反応に、こっちのほうが驚いた。彼らは、以前、知人から日本のトイレ事情を聞いたが、とても信じられなかったそうだ。後で調べると、温水洗浄便座がこんなに普及しているのは世界中で日本だけ。それは、水質、清潔さ、治安の良さなど、日本特有の恵まれた環境のおかげらしい。

　世界一周の旅先の多くでは、温水洗浄便座とか以前に、そもそも街中でトイレを見つけることが難しかった。公衆トイレがあっても入り口に座っている人にチップを要求され、チップを払って入っても全然きれいではなく、紙も置いていなかった。ホースの先に噴射ノズルのついたウォーターガンがあれば、それをお尻に向けて噴射した。水の入ったバケツと柄杓《ひしゃく》があれば、柄杓で手に水をとって直接左手でお尻を洗った（インド式）。下水設備が貧弱なのでトイレに紙を流せないのが普通で、うっかり流すと後で大変なことになる。出歩く時には、移動手段や飲食場所を考えておくのと同レベルで、いつどこでトイレに行けるか考えておくようになった。

しかし、人間、たいていのことには慣れるもの。何カ月か旅を続けるうちに、トイレの不便さもさほど苦にならなくなった。むしろウォーターガンやインド式は自由度が高くて気に入った。そうすると、今度は逆に、日本のトイレに違和感が湧いてきた。確かに温水洗浄便座は快適だが、ないならなくてもいいものだ。その上、蓋の開閉もボタン式や感知式だったり、水流の音を自動で出したりと至れり尽くせり。それらを作り、作動させ、維持するためには、当然それなりのコストと手間がかかり、エネルギーも消費するだろう。ちょっとやりすぎではないか？

日本での常識に対して、外界からの異なる視点を与えてくれるのが旅の良さ。この「過剰さ」の視点から見えるものは、トイレ事情にとどまらない。もっと正確に、もっと便利に、もっと安全にと追求すること自

スリランカにあるホテル「ヘリタンス・カンダラマ」のトイレ。便器の横にウォーターガン。高級ホテルでもこの方式。

体は悪くないが、それに起因する人や環境への負荷など、表に出にくいデメリットが必ずある。熾《し》烈《れつ》な闘いの中にどっぷり浸かっている最中には、そんな甘いことなど言ってられないという気持ちになるのもわかるけれど、そういった焦燥感や力みが、過剰さの元になる。「ある程度のいい加減さを積極的に許すくらいがちょうどよい加減」という気持ちでいたほうが、結局は断然ハッピーでいられる気がする。

topic 24

インドの不思議体験

高森 勇旗

旅の足跡 47

未来とは

インド［バラナシ］

1 訪問した家の外観。土台はコンクリートで作られている。2 キッチン。燃えているのは牛のふんを乾燥させたもの。焼かれているのはチャパティ。ひと口いただき、予想通りの味であったが、私と妻以外は全員腹痛となった。

インド、とまるっとひとくくりにするには、インドは広すぎて、多様すぎる。面積は日本のおよそ9倍、人口12倍、憲法で定められている公用語は22言語と、我々が想像する国家という〝ひとかたまり〟の範疇《はんちゅう》をゆうに超えるため、「インドでの体験」と言っても、それはある限られた地域での出来事に他ならない。京都を見て、「日本らしさ」を感じるのはおそらく外国人だけであって、日本人が見れば、「京都らしさ」と感じるだろう。単純比較はできないものの、そのスケールのおよそ10倍ととらえると、〝インドでの体験〟と言うには少々傲慢《ごうまん》である。しかし、バラナシで体験した数多くの出来事は、私の人生観に大きな影響を与えた。というか、数が多すぎてすでにこの連載でも何度も書いてきた。今回はその中でも、現地の人が暮らす家を訪問した話を書くことにしよう。

全インド中から(全世界中からも)人が集まるこの街には、アウトオブカーストと呼ばれる、カースト制に定められている身分制度に認められていない人々が暮らすエリアがある。このエリアにある学校を訪れた際、幸運にも、通学している子どもの家に訪問させてもらった。私が外国に行って最も興味をそそられるのは、その街に暮らしている人々の息づかいである。観光地やショッピングモールでは感じられない人々のリアルは、海外を訪れた際の最も貴重な体験である。そんなわけで、私はかなりの興奮と期待を持って、生活している家を訪れた。

外壁をレンガで囲った内側は、キッチン付きのワンルームといった間取り。キッチン付き、と言っても、土で作ったかまどの上で料理をするスペースがある、という表現だろう。無論、電気、ガス、上下水道はなく、キッチンで使用する燃料は、牛のふんを俵状に乾燥させたもの。それを燃やして火を起こす。屋根は全体の半分だけにかかっており、その下にある1つのベッドで家族4人が寝る。屋根のない向こう側はそのまま外と繋がっており、訪問したこの日は、もの珍しい外国人（我々）を見に近所の人らしき人々が勝手に家に入ってきていた（この人たちは誰？　と聞いたら、「知らない」と言っていた）。

　恵まれた日本に暮らしてきた私にとって、ここで暮らすことのイメージはできない。むしろそのイメージよりも先に、〝悲壮感〟が現れる。しかし、ここに暮らす人々に、悲壮感めいたものはない。この生活で十分に満たされているという充足感も、ない。彼らは、これしか知らない。我々が勝手につける解釈は、あくまで我々のものでしかない。

「今までの人生で、最

1

2

3

1住人曰く、勝手に入ってきた「知らない人」。2キッチンから見た家の向こう側。屋根はなく、外と繋がっている。横たわっているのがベッド。この上に4人が寝る。3クローゼット。一家4人のすべての衣服がかかっている。

も大きな出来事はなんですか？」

料理を作っている母親に質問してみる。彼女は、遠くを見ながら答える。

「家の前の道が、きれいに整備されたことかな」

その道は、土が直線に踏み固められ、道としての役割は十分に担っているが、アスファルトで舗装されているわけではない。確かに、ここで暮らしていく人にとって、道は重要なライフライン。それが整備されることは最も大きな出来事なのかもしれない。

「今後、何が起きたら、それを超える出来事となりますか？」

好奇心を抑えることができず、次の質問をした。電気が通ることとか、ガスか、はたまた上下水道か。いや、インターネットかもしれない。いずれにせよインフラ系を予想していた私には、想像もつかない答えが返ってきた。

「分からない。未来のことをイメージしようにも、何があるか分からないので、イメージしようがない」

私は、次の質問を飲み込んだ。私が見ているものは、あまりにも多くの解釈や固定概念のフィルターを通過している。ここから世界を見ていては、物事の本質は永遠に見えないのかもしれない。私には、何も見えていない。バラナシでの短い会話は、世界がいかに広いか、自分の視野がいかに狭いかを実感するものとなった。

游木トオル

旅の足跡 48

トラウマ

インド［オーローヴィル］

オーローヴィル内の道。怖くて野良犬の写真を撮る余裕などなかった。

僕はネパールで野犬の攻撃を受けて負傷し、それ以降、犬が怖くなった。そしてその状態で、初めてインドに入った。インドの野良犬は、目つきが怖かった（僕にはそう見えた）。恐怖が頂点に達したのは、インド南部のオーロヴィルに滞在していた時。そのあたりには野良犬がたくさんいた（ように感じた）。そして彼らは、僕を見るなりピクンと反応し、激しく吠えかかってきた。噛まれて狂犬病に罹《かか》ったら終わりだという恐怖が蘇り、体が凍りつく。吠えられるたび、僕はますます過敏になり、野良犬の反応は過激になった。他の人には吠えなくても、僕にだけは吠えてくる。１００ｍ以上向こうの路上にいた野良犬の群れが、僕に気づいて一斉に頭をもたげ、こちらに突進してきたこともあった。もう、目をつけられているとしか思えなかった。

夜はもっと怖かった。人が少なくなり、野良犬は活性化する。僕がレンタル自転車で走っていると、必ずと言っていいほど野良犬が現れて吠えながらまとわりついてきた。止まったら終わりだと焦り、全力で宿まで逃げ帰った。ある時は、帰り道のずっと先のほうに野良犬たちがたむろしているのを見て、怖くて前に進めなくなった。僕は引き返して別の出入り口に向かったが、あいにく、そこは閉鎖されていた。夜になると一部の出入り口が閉鎖されるのだ。僕は、閉ざされた門の柵（高さ２ｍくらい）の上から自転車を向こう側に投げ込み、自分も柵をよじ登って外へ飛び降りた。恐怖に駆られると、普段はしないようなことを平気でしてしまう。

なぜこうも吠えられるようになったのか。これは直感だが、こちらが出す恐怖の波動が相手の敵対行動を誘うのだ。その心理は、「こいつ弱そうだから虐《いじ》めちゃえ」ではなく、「敵だ！　やっつけろ！」というもののように感じられた。おそらく、恐怖と敵意は、同じ波動なのだ。考えてみれば、それは当然かもしれない。怖がるということは、相手を敵とみなしていることにほかならない。たとえこちらには積極的な害意がなくても、相手には害意があると考えて警戒しているのだから、敵とみなしていることに変わりはない。友か敵か無関係かを瞬時に見定めるのが野生の本能。恐れないようにしようという心がけだけでは到底覆い隠せなかった。むしろ、恐れないようにしようと努力すればするほど、よけい怖くなってしまう。トラウマとは、こうやって深まっていくものなのだと思い知らされた。

　トラウマと言えば、最近「発達性トラウマ」という言葉を知った。長らく自分を苦しめた生きづらさの正体を説明してもらえたようで、救われた気がした。と同時に、心の声に従って仕事を辞め、生き方を一変させて旅人になり、ひたすら失われた自己を取り戻そうとしてきたプロセス全体が、奇《く》しくも発達性トラウマを克服するのに最適なプロセスだったことに気づかされた。その喜びに溢れた不思議体験は、過去の意味をも書き換えてくれたのだ。

バラナシを流れるガンジス川沿いのガート。牛は多かったが、怖くはなかった。ただ、油断すると大きなふんを踏んだ。

おわりに【なぜ、旅に出るのか】

高森　旅に出始めた頃は、例えば「マチュピチュ見てみたい」「アンコールワット見てみたい」「アフリカでサファリ行ってみたい」のように、何か未知のものを見たり体験したりしたいというある種純粋な好奇心がベースにあったように思えます。しかし、最近は旅に出ることそのものが目的になり始めました。それは、あえて不安定や不確実なことに身を置くことによって生まれる、精神面のイキイキさみたいなものを取り戻すため、と言える気がします。

游木　日本で、特に東京のような都会で暮らしていると、あまりにも便利すぎるし、清潔な環境ですから、生きること、生活することとそれ自体に苦労はしません。気を抜いていても日常が過ぎていきます。もちろん、お金を稼ぐための仕事など、社会的な活動には苦労もありますが、その活動は収入を得たり社会に貢献したりするためのものであって、生きることそのものではありません。ある種バーチャルなゲームの世界です。しかし、旅に出ると日常のあらゆる場面で苦労があります。ぼーっとしていると乗り物一つ乗れません。でも、そのおかげで、目の前で起きていることすべてにリアリティを実感することができます。そういう意味で言うと、確かに旅に出ることで精神的な何かを取り戻す感覚はありますね。

高森　日本にいると、なんといっても日本語が通じます。何か問題が起こっても、日本語で解決できるという安心感が根底にあります。しかし、例えば海外でスタバに行って何かを注文するだけでも結構集中力を使います。こんな具合に、旅に出るだけで、日常生活の一つひとつを丁寧に生きないといけなくなる。そうなると、日本にいて日常では使わないような筋肉というか、脳を使う感覚があるんです。

游木　想定内のことが限りなく少なくなりますよね。常に気を張ってなければいけない、と言うと大袈裟かもしれませんが、少なくとも日本で暮らしているよりはあらゆることに気を巡らせる必要があります。それは確かに、旅に出ないと感じられない感覚と言えます。

高森　実際に現地に行かないと感じられないものとして、やはり五感への刺激があります。現地の匂い、街の喧騒、肌にあたる風の感覚、もちろん料理の味。これは連載でも書いたのですが、目に見える景色というのは雑誌やインターネットなどですでに見ているので、意外にも新しさを感じることが少ないように思えます。

游木　確かに、山や森、川や海などでも、その場所特有の空気感がありますし、スコールが降った後の街の匂い、都市部の人々の生み出すエネルギーなども、現地に行かないと感じることができませんよね。そこに身を置くことで、普段使うことのない感覚を使います。

高森　街のエネルギーで言うと、僕はマンハッタン、香港、ニューデリーでは街のエネルギーが強すぎて、寝られなかったんです。副交感神経がオンにならないというか、ずっと興奮状態というか。そういう目に見えない気の流れみたいなものも、現地に行けばこそ感じられるものですよね。

游木　そうやって五感からの刺激に集中していると、余計なことを考えなくなります。というか、考えている暇がなくなる。それって、実は日本の都会の暮らし、あるいは競争社会に疲れている人にとってはすごく重要なことなんじゃないかと思います。

高森　というと？

游木　高森さんは、今東京で、この資本主義のど真ん中で大活躍されているわけじゃないですか。でも、気がついたら旅に出るような側面もある。高森さんのエッセイを読んでいると、旅で感じる本質的な感覚が、僕の感覚とかなりシンクロしていて驚きました。ライフスタイルも違うし、旅のスタイルもバックパッカーとリッチな旅行で、まったく違っているのに、です。ということは、高森さんは、資本主義のバーチャルな世界と、旅の中にあるリアルな世界、この二つの人生を同時に生きることができているわけで、これは素晴らしいことだと思ったんです。日本の暮らしでうまくいかないことや辛いことがあっても、旅に出ればそれ自体が癒しになる。そして、悩んでいるのは一つのバーチャルワールドに過ぎなくて、世の中にはもっとリアルな別の世界があるんだ、目の前の世界だけがすべてではないんだ、という感覚を持つだけで、生きるのが楽になると思うんです。

高森　なるほど～！　確かに、同時に二つの人生を生きている感覚はありますね。

游木　むしろ、一つの世界しか持っていない、その世界しかない、というほうが危険なのでは、と思っています。かつての僕がそうでした。精神的に疲弊している人にとって、旅に出ることはかなり有効な解決策だと、僕は思います。

日本という楽園を飛び出せるか

高森　そうは言っても、日本って、究極に居心地の良い国じゃないですか。そこを飛び出そうという気になれないのも、あると思うんですよね。

游木　その通りです。世界中を見渡しても、日本ほど居心地の良い国はほかにないでしょう。気候も安定し、治安も良く、交通は整備され、食事はおいしく、何より清潔。わざわざこの環境以外の場所に行こうと考えるほうが少数派かもしれません。

高森　日本という場所は、本来砂漠地帯の緯度なんだそうです。それが、インド洋から発生する空気がヒマラヤの山々にぶつかり、偏西風に乗って湿った風を東アジアにもたらす。その終着点が、日本。その上火山地帯で、四方を海に囲まれているため氷河期ですら気温の劇的な変動を免れています。学者の先生は、「神に愛された国」と表現していました（笑）。

游木　そんな場所にいるからこそ、外に飛び出す理由がないんですよね。ただ、それは困難もありませんが、同時に感動もありません。困難と感動はセットでやってくるように思えます。

高森　確かに、海外にいると、前述したようにスタバで注文するだけでもちょっとした困難ですから、注文通りに商品が出てくるだけでもちょっと感動しますね(笑)。これはスケールの小さい話ですが、困難を味わってこそその先の感動は大きくなるというのは真理かもしれません。

游木　究極の話をすると、「死」と直面するからこそ、「生」を感じることができると思うんです。今の日本などは、目の前から「死」を遠ざけすぎているような気がします。

高森　日本では、ほとんどの人は病院で死を迎え、街の中に浮浪者もほとんどいません。しかし、それこそインドに行けば目の前で死体が焼かれたり、なんなら生きているのか亡くなっているのか分からない人がたくさん横たわっています。普通に生きているだけで、「死」というものと共存しているため、「生」というものも同時に強烈に意識するようになります。他方、日本には「死」まではいかずとも、例えば体が不自由でお恵みを求めている方すら、街にいませんよね。僕が初めて海外に行ったのはイタリアのローマでしたが、街の至る所に、足のない方が祈り続けてお恵みを求めている、という光景がありました。日本でそういう光景を見たことがない僕は、ものすごくショックでした。それも、1人や2人ではなく、かなりいました。足がない、腕がない、顔の半分がない、など、あらゆる「見たことのない人」がいて、それ自体をどう思うか、どう受け入れるかという話ではなく、見たことのないものなため、どのように反応していいかさえ分からない、そういう感覚でした。

游木　そういう、日本では触れる機会の少ないものが、海外には当たり前のように生活の中にあって、いやおうなく「生」というものと向き合うことになる。そうなった時に初めて、自分がいかに恵まれているか、健康に生きているということがいかに奇跡的なことであるかが分かり、自然と感謝の気持ちが湧いてきます。日常に「死」がない日本では、「生」を感じることが難しくなっているのかもしれません。

高森　僕はプロ野球選手時代、スポーツとは言え毎日のように擬似的に生死をかけた戦いをしていました。こちらも相手も、人生をかけて目の前の勝負に挑む。それが毎日繰り返されていく。連綿と続く勝負の世界に生きていると、自分の生命力というか、生きることそのもののエネルギーが強い感覚はありました。今でも、プロ野球選手やプロアスリートと話をしていると、圧倒的な「生」のエネルギーを感じます。それは、彼らが日常的に擬似的に「死」と隣り合わせの生活をしているからかもしれません。

游木　「死」を意識するからこそ、「生」がイキイキと輝き出す。不安定、不快による負荷が、感動をより大きくする。旅に出るということは、そういった体感を得る最高の方法ではないでしょうか。

高森　危機や困難に直面した時こそ、目の前のことに集中しなければならないし、本当の意味で問題解決のために頭がフル回転します。「今、ここ」というある種のマインドフルネス状態は、旅に出て困難に直面した時こそ体験できると言えますね。

游木 そうですね。言葉が違い、常識やルールも違う海外の旅ならではの、マインドフルネス状態がありますね。

高森 そういう意味で、結婚を考えているカップルには海外旅行を勧めます。心が安定している時に相手に優しくできるのは当たり前で、困難に直面した時、思い通りにいかない時でも、相手をいたわれるか、人に優しくできるか、というのを最も手っ取り早くチェックすることができます。多くの場合、「相手に幻滅した」という結果になるのですが（笑）、困難を共に乗り越えてより絆が強くなったり、結婚前に相手の新しい一面を見られてよかったりと、僕が言うにはポジティブな面が非常に多いです。

游木 「結婚前に旅に出ろ」は、分かりやすくていい呼び掛けですね（笑）。

歩き旅のすすめ

高森 僕は旅に出ると予定がガッチリ決まっていて、「そのルート、1回の旅行で行ったの？」と言われるくらい、行きたところ、見たいものを詰め込んでいます。でもその中でも大切にしているのが、街の中の移動はできる限り歩く、ということ。通常1日15〜20㎞くらい歩きます。歩くことで、その街に流れている空気や、生活している人の気配をより感じられます。游木さんは、バックパッカーをやっていたと思いますが、歩くということにどのような感覚を持っていますか?

游木　僕も、歩くことをとても大事にしています。実は、歩くことだけでもたくさんのギフトがあるんです。歩くということは、景色が流れていきませんから、そこにある日常の一部になれるということです。実は、その中に感動が溢れています。〝日常〟というものが、すでに感動であるということを、歩くことで感じることができるんです。

高森　僕は、東京でもよく歩きます。やはり15〜20㎞ほど歩くのですが、重要なのは何かのために歩くとか、どこかに行くために歩く、という目的を持たないことです。強いて言うなら、「歩くために歩く」。偶然見つけたそば屋でそばを食べて、気になるカフェに入ってコーヒーを飲む。その一期一会を楽しむことが目的に近い。これも、歩くからこそ見えてくる、日常に溶け込むからこそ見えてくるものだと思っています。

游木　好奇心と冒険心だけを持って、ただ歩く。それだけで、旅になります。旅というのは、何も大げさに遠くに行かなくたって、日常のあらゆるところに溢れているんだと、思っています。

高森　もはや偉人となった放送作家で、「上を向いて歩こう」の作詞者でもある永六輔さんの言葉に、こういう言葉があります。

「知らない横丁の角を曲がれば、もう旅です」

僕は、東京の角という角を曲がってみたいし、知らない街に行ったら、できるだけ遠回りして歩きたい。知っている道に戻ってしまったら少しがっかりする。そういう歩き旅が一番楽しいです。

游木　そうですね。僕も、ひたすら歩き倒すような旅がしたくなりました。

高森勇旗（たかもり　ゆうき）

1988年生まれ。高校卒業後、2012年まで横浜ベイスターズでプレー。引退後は、50社以上の経営に関わってきた。ライターとしても活動し、2018年からは世界中を旅する。これまでに、35カ国を渡り歩く。著書に『俺たちの戦力外通告』（ウェッジブックス）、『降伏論「できない自分」を受け入れる』（日経BP）。

游木トオル（ゆうき　とおる）

1966年生まれ。大学卒業後、23年間を検事として過ごす。2016年、50歳を目前に早期退職。翌年から50歳にして初めて世界一周一人旅のバックパッカーを経験。これを契機にフォトグラファーとして活動するようになる。

ホームページ
https://photo.tabisora.com

INSTAGRAM
@toru.yuuki.photo7

勇気がでる旅

元プロ野球選手と元検事、ふたりのユウキ「48の旅の足跡」

※本書は、株式会社スカイマークの機内誌「空の足跡」の連載「ユウキが行く。」（2022年4月号〜2024年3月号掲載）をまとめたものです。

2025年1月5日　初版発行

著　者　高森勇旗　游木トオル

発行者　佐藤俊彦

発行所　株式会社ワニ・プラス
〒150-8482 東京都渋谷区恵比寿4-4-9
えびす大黒ビル7F

発売元　株式会社ワニブックス
〒150-8482 東京都渋谷区恵比寿4-4-9
えびす大黒ビル

ワニブックスHP　https://www.wani.co.jp
（お問い合わせはメールで受け付けております。HPから「お問い合わせ」にお進みください。）※内容によりましてはお答えできない場合がございます。

装　丁　柏原宗績
DTP制作　株式会社ビュロー平林
編集協力　寺林真規子
出版プロデューサー　平田静子（ヒラタワークス）

印刷・製本所　中央精版印刷株式会社

Printed in Japan ISBN978-4-8470-7523-0